혼자 사느냐

젊은이들에게 던지는 빅퀘스천

혼자 사느냐 함께 사느냐

초판 1쇄 인쇄일 2024년 04월 16일
초판 1쇄 발행일 2024년 04월 30일

지은이 유은걸
펴낸이 양옥매
디자인 표지혜
마케팅 송용호
교 정 조준경

펴낸곳 도서출판 책과나무
출판등록 제2012-000376
주소 서울특별시 마포구 방울내로 79 이노빌딩 302호
대표전화 02.372.1537 팩스 02.372.1538
이메일 booknamu2007@naver.com
홈페이지 www.booknamu.com
ISBN 979-11-6752-470-6 (03300)

: 젊은이들에게 던지는 빅퀘스천 :

혼자 사느냐 함께 사느냐

유은걸 지음

인생이

◆

여기서 갈린다

책과나무

인생….

누구나 잘 살고 싶어 합니다. 그러나 맘대로 안 되는 게 인생입니다. 그냥, 저절로 되는 것도 아닙니다. 오롯이 자신이 만들어 가야 합니다. 뿌린 대로 거두는 게 세상 이치입니다.

알고 사느냐, 아니면 모르고 사느냐.

인생은 여기서 갈립니다. 처음은 끝을 모릅니다. 젊음은 늙음을 모릅니다. 삶은 죽음을 모릅니다. 가 보지 않았고, 겪어 보지 않았고, 당해 보지 않았기 때문입니다. 또 하나만 알지 둘은 모릅니다. 한 치 앞을 모르는 게 우리네 인생입니다. 그래서 앞날을 알고, 대비하고 살아야 합니다.

하고 사느냐, 아니면 안 하고 사느냐.

인생의 격차가 여기서 생깁니다. 결혼을 한 사람과 안 한 사람은 삶 자체가 다릅니다. 출산을 한 사람과 안 한 사람 역시 천양지차입니다. 포기하고 사는 사람과 포기하지 않고 사는 사람은 사는 게 다릅니다. 자신에게 주어진 모든 것을 하고, 경험하는 게 자연의 섭리입니다. 인생에서 가장 크게 후회하는 것은 '하지 않은 일'이라고 합니다. '하고 살아야' 하는 이유가 바로 여기에 있습니다.

혼자 사느냐(혼살이), 아니면 함께 사느냐(함살이).

이게 빅 퀘스천(큰 물음)입니다. 개인의 일생을 가르고, 나라에도 큰 영향을 미치기 때문입니다. 어느새 혼자 사는 젊은이들의 세상이 돼 버렸습니다. 젊은이들은 쉽게, 편하게, 마음대로 살 수 있어 너무 좋다고 말합니다. 혼자 살면 좋은 면도 있겠지요. 그런데 좋은 건 젊고 건강할 때 딱 '거기까지'입니다. 이 '유효기간'이 지나면 삶은 어렵게 되고, 불편해지고, 마음대로 안 됩니다. 자칫 고독사할 수도 있습니다. 그런 만큼 함께 살아야 합니다.

우리나라 합계출산율이 급기야 2023년 말 0.65명까지 추락했습니다(후술). 혼자 사는 사람이 급증하고, 결혼해도 아이를 낳지 않기 때문입니다. 1명 이하인 나라는 전쟁 중인 우크라이나와 우리나라 밖에 없습니다. 아이를 덜 낳는 게 아니라 아예 안 낳는 수준입니다. 그 결과 인구가 줄면서 학교와 마을이 사라집니다. 지역은 소멸 위험에 놓이고 나라는 쪼그라듭니다. 인간 생태계는 망가지고 있습니다. '망국(亡國) 출산율'이라고 해야 할 정도로 상황이 절박하고 심각합니다. 아이가 없으면 개개인도, 국가도 미래가 없습니다.

이런데도 "이건 아니야."라며 "혼자 살지 말라."고 쓴소리하는 사람이 없습니다. 정치인 하나 없습니다. 젊은이들이 싫어하기 때문입니다. 그래서 부족한 제가 나섰습니다. 가능한 한 결혼해 함께 살고, 출산도 하라고 간곡히 권면합니다.

전직 언론인인 필자는 이대로는 안 되겠다는 생각에서 『징비록』을 쓴다는 심정으로 책을 냈습니다. 인생을 좀 많이 살아 본, 경험해 본 한 사람의 남편, 아버지, 할아버지의 처지에서 길 안내자로 자처하고 나왔습니다. '늙은 말이 길을 안다(老馬知路)'는 고사성어에 힘입어 용기를 냈습니다. 이 책은 거부감이 들겠지만 인생을 멀리 내다보고 살아가는 데 많은 참고가 되리라고 저는 확신합니다.

혼자 사는 사람들은 저의 소견에 대해, 잘 살고 있는데 무슨 허튼 소리냐며 비판할 것입니다. 꼰대 같은 이야기라고 핀잔도 할 것입니다. 이는 어디까지나 제 개인의 소신이고, 견해이고, 인생관이기에 어떤 비난과 질책도 달게 받겠습니다.

저출산 문제의 책임은 정부와 기업에도 있지만 혼자 사는 젊은이들에게도 있습니다. 결혼과 출산은 본디 개개인의 일입니다. 제가 이 시점에서 보면 우리나라의 출산 및 육아 지원과 제도는 아직도 미흡한 분야가 있지만 거의 유럽 선진국 수준입니다. 주택 마련 대책도 계속 나오고 있습니다. 윤석열 대통령이 저출산 문제 해결을 최우선 국정과제로 내세운 데다 여야가 경쟁적으로 대책을 내놓고 있어, 이렇게 추진되면 스웨덴 수준도 넘어서게 될 것입니다. 사실 우리나라처럼 살기 편한 나라도 없습니다. 이만하면 혼자 살지 말고, 결혼도 하고 출산을 해도 되지 않을까요?

이 세상에서 시간을 이기는 것은 아무것도 없습니다. 젊음은 늙음에 지고 삶은 죽음에 지게 돼 있습니다. 반면 '앎'은 '모름'을 이기고, '하는 것'은 '안 하는 것'을 이기며, '함께'는 '혼자'를 이기게 돼 있습니다. 인생을 어떻게 살았는지는 생을 마감할 때 그 결과물이 나옵니다. 잘못된 길로 가고 있다면 생각을 바꿔 다시 시작해야 합니다. 시작할 수 있다는 것은 인간이 가진 최상의 능력입니다.

혼자 사는 것은 자유이고, 각자 마음입니다. 그런데 혼자 살면 어떤 일들이 자신에게, 그리고 사회와 나라에 일어나는지, 생각해 본적 있습니까? 자유에는 책임이 따르는 법입니다. 인생은 자신의 몫이고 삶은 선택입니다. 이젠 '남'을 보지 말고, 오직 '나' 자신을 보고 살아야 합니다. '혼자 사니 좋다'고들 하는데 함께 살면 더 좋지 않을까요? '혼자 살지 말라'는 저의 'Say No'에 여러분의 화답을 기대하며 아래 물음으로 이 책을 열어 갑니다.

혼자 살면 어떻게 될까요?

'기다림마저 잃었을 때도 온다'는 2024년 봄에

유응걸

차례

4장

총동원이 답

에드워드 호퍼, 「자동판매기 식당」

자동판매기에서 산 커피 한 잔을 응시하는 고독한 여성을 그렸다.

불빛 · 창문 · 탁자 · 의자 · 라디에이터 등에서도 외로움이 묻어난다.

1995년 미국 「타임」지는 우울증에 관한 표지 이미지로 이 그림을 실었다.

1장

혼·자·산·다

혼자 사는 것은 중간에서 대(代)가 끊기는 뺄셈의 삶이다

6막 인생이 2막으로 끝날 수도 있다

빈센트 고흐, 「아를의 고흐 방」

고독한 영혼의 화가 고흐가 프랑스 아를의 노란 집에

혼자 살며 그린 자신의 방. 노란색의 밝은 색깔이

주류를 이루지만 혼자 외롭게 살았던 흔적이 역력하다.

고흐는 끝까지 혼자 살다 37세에 스스로 생을 마감했다.

혼자 사는 것에 대하여

1인분─.

혼자 산다는 것은 '1인분의 인생'을 사는 것이다. 인생에도 1인분
이 있는가? 있다. 자신에게 주어진 1인분의 시간과 공간에서 혼자
먹고 자고 생활하는 것이다. 함께하는 사람 없이 오직 자신 한 사람
만을 위해 산다. 웬만한 음식점에선 1인분의 찌개류나 고기는 팔지
않는다. '혼살이' 하면 혼밥과 함께 쓸쓸한 그 1인분이 연상된다.

이 세상에서 혼자 사는 동물은 사람밖에 없다. 사는 방식도 동물
과 달리 다양하다. 크게 두 가지로 나누면 '혼자 사는 것'과 '함께 사
는 것'이다. 혼자 사는 것은 세 유형이다. ▲처음부터 자신의 의지에
따라 혼자 사는 경우 ▲어쩌다 보니 혼자 살게 되는 상황 ▲어쩔 수
없이 혼자 남게 된 처지다.

이 가운데 특별히 주목할 대상은 자신의 결정으로 혼자 사는 사람
들이다. 이들은 '혼자 살기'를 삶의 한 선택으로 생각한다. 각자도생
하면서 혼살이를 삶의 '해방구'라 여긴다. 개인적이고 이기적이며 배
타적인 측면이 강하다.

혼자 사는 사람들에겐 없는 것이 많다. 가족이 없다(앞으로). 보호자가 없다. 같이 밥 먹을 사람이 없다. 이야기 나눌 사람이 없다. 같이 술 마실 사람이 없다. 의지할 사람이 없다. 무엇보다 사람 사는 집에 사람 사는 소리가 없다. 젊은이들이 로망으로 생각하는 '혼토피아(혼살이+유토피아)'도 없다. 고가의 주택과 값비싼 외제차, 명품이나 반려동물은 있을 수 있다. 하지만 아무리 멋진 뷰에 화려한 인테리어를 갖춘 집이라도 혼자 산다면 무슨 소용인가! 무엇보다 인생을 의미 있고 보람되게 하는 '비전'이 없다는 점에서 안타깝다. 그리고 선망하는 '해피 엔딩'도 없을 가능성이 아주 많다.

혼살이는 나에겐 많은 의문을 던진다. 첫째, 과연 자신을 위해 그렇게 사는 것이 좋은지다. 둘째, 자신의 노후가 어떻게 될지 생각해 봤느냐다. 셋째, 결혼하지 못하는 것을 국가 탓으로만 돌리는데 과연 자신의 탓은 없는가다. 넷째, 현재에만 모든 것을 건다면 잃는 게 너무 많지 않은가다. 다섯째, 수명이 길어져 백 년 넘게 산다는 긴긴 세월에 무슨 재미로 사느냐다. 여섯째, 이 세상 뜰 때 누가 주검을 거둬 주느냐다. 일곱째, 혼살이에서 오는 생명 위험 리스크를 어떻게 감당할 것인가다. 힘듦과 귀찮음, 이혼 등 이런저런 리스크를 최소화하기 위해 결국 혼자 사는데, 혼살이엔 생사를 가름하는 골든 타임을 놓칠 수 있는 위험이 항상 도사린다. 살면서 생명처럼 중요한 게 무엇이 있는가!

인생은 삶의 순간의 합이다. 많은 과정과 단계를 거친다. 그래서 인생 이야기엔 많은 쉼표가 들어간다. 혼자 사는 것은 길어야 할 인생 스토리에 쉼표 두어 개 달랑 찍고 너무 빨리 마침표를 찍는 격이다. '신이 쉼표를 넣을 곳에 마침표를 찍지 말라'는 말이 있다. 깊이 새겨들어야 할 말이다. 문제는 혼자 사는 기간이다. 부모로부터 독립해 당분간 '홀로서기'하는 것은 얼마든지 좋다. 잠시 혼자 사는 것도 괜찮다. 그러나 좀 길어지면 안 좋다. 오래가면 아주 안 좋다. 끝까지 혼자 살면 끝이 너무 안 좋다. 이게 문제다.

혼자 사는 것이 종교적인 이유나 특수한 상황이라면 어쩔 수 없다. 그러나 혼자 살면 좋은 것보단 노후엔 좋지 않은 것들이 너무 많아진다. 보기에도 딱하다. 최영미 시인은 "혼자라는 건 실비집 식탁에서 눈을 마주치지 않고 식사를 끝내는 것만큼 힘든 노동"(시 「혼자라는 건」)이라고 비유했다. 혼자 사는 사람들을 말하는 독신 · 미혼 · 비혼 · 노총각 · 노처녀 · 싱글 · 솔로란 말에서 이런 모습들이 그려진다. 외롭고, 헛헛하고, 궁상맞고, 애잔하고, 짠하다.

혼살이에 대한 내 생각은 부정적이다. '혼자'라는 말만 들어도 안타깝다. 딴 세상 사는 것 같다. 먼저 혼자 어떻게 살까 하는 걱정이 앞선다. 나는 군에서 제대한 후 직장에 다니기 전 1년여만을 빼곤 혼자 살지 않았다. 여기에 익숙해서인지 혼자서는 편한 잠을 못 잔다. 혼자 살겠다며 20여 년을 나가 산 아들을 속절없이 보아 왔기에 할 말도 많다(아들은 늦게 결혼). 혼자 사는 것을 삶이 '진화'한 한 형태로 보는 사람이 있으나 나에겐 '퇴보'로밖에 보이지 않는다. 그냥 지나치기엔 너무 심대한 '가벼운 삶'으로 비친다.

사람은 사는 환경과 조건의 영향을 많이 받는다. 2023년 시각장애인 김예지 의원이 국회 대정부질문에서 꺼낸 비단잉어 '코이'에 관한 이야기는 시사하는 점이 많다. 코이의 삶은 특이하다. 작은 어항에 기르면 5~8㎝밖에 자라지 못한다. 큰 수족관이나 연못에 넣으면 15~25㎝까지 자란다. 넓은 강물에선 90~120㎝까지 큰다. 환경과 조건에 따라 피라미가 되기도 하고 대어가 되기도 하는 것이다.

이런 점에서 "나는 넓어지는 원에서 산다"는 라이너 릴케의 시는 혼자 사는 사람들에게 일깨워 주는 게 많을 것 같다. 릴케가 넓어지는 원에서 산다면 그 반대인 좁아지는 원에서는 누가 살까? 혼살이 하는 사람들일 터다. 원은 좁아져 언젠가는 사라지게 된다. 혼살이도 그럴 것이다. 혼살이를 아무렇지 않게 생각하고 사는 젊은이들은 칸딘스키의 그림에서도 느끼는 게 적잖을 것 같다.

나는 넓어지는
원(wachsenden Ringen)에서 사네

라이너 릴케

나는 넓어지는 원에서 사네

그 원은 온 세상으로 뻗어 나가네

내가 마지막 원을 완성하지 못할 수도 있지만

나는 그 일에 나를 바치겠네

나는 신(神)의 주위를,

아주 오래된 탑의 둘레를 도네

나는 지금까지

수천 년을 그렇게 돌고 있네

난 아직도 모르네

한 마리 매인지, 폭풍우인지, 위대한 노래인지

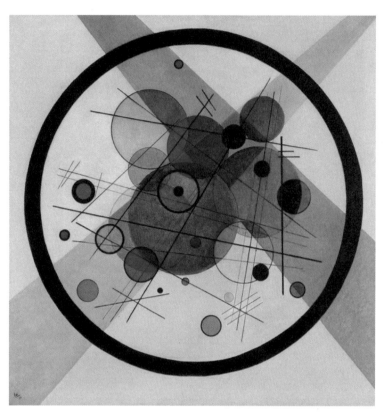

바실리 칸딘스키, 「원 안의 원」

순수 추상화를 추구하던 칸딘스키가 원을 기본 모티브로 그려 낸 작품.

아주 큰 원 안에 크고 작은 여러 개 원들이 점과 선에 중첩되면서

다양한 이미지를 생성한다. 기하학적 구성과 색상이 돋보인다.

800만 명이 혼자 산다

쌔고 쌨다!

혼자 사는 사람들을 두고 하는 말이다. 과거 코로나 감염자처럼 많다. 여기도 혼자 살고 저기도 혼자 산다. 너도 나도다. 가히 혼살이 '인플레이션'이다. 이 책을 읽는 독자 역시 혼자 사는 사람일 가능성이 많다.

달마다 발표되는 통계를 보면 어쩌려고 이러는지 믿기지 않을 정도다. 2022년 7월 현재 1인 가구는 무려 750만 가구다. 지금쯤 800만 가구가 넘었을 것이다. 이 가운데 20대에서 40대에 이르는 연령층이 거의 40%를 차지한다. 1인 가구란 혼자 사는 사람을 말한다. 전체 가구의 34.5%로, 3가구 중 1명이 혼자 사는 셈이다. 1년 전보다 34만 명이나 늘었고, 하루에 923명씩 증가했다. 이젠 결혼해서 함께 사는 젊은이들이 되레 이상하게 보일 정도다. 혼자 사는 게 '뉴노멀'이 됐다.

더 큰 문제는 1980년 4.8%에 불과했던 1인 가구의 비율이 갈수록 폭증하고 있다는 점이다. 2040년에는 37.9%에 이르고, 2050년엔 40%에 육박할 것이라는 게 통계청의 추정이다. 이렇게 되면 말 그대로 '혼자 사는 사람의 세상'이 된다. 그동안 대세를 이뤄 오던 부부나 부모 + 자녀로 이뤄진 2인 · 3인 · 4인 가구는 한참 밀려났다. 그런데 1인 가구를 '가족'이라고 하기는 좀 그렇다. 1인 가구는 그동안 우리가 미덕처럼 지켜 온 가족이라는 개념을 허물어뜨렸다.

우리나라에서 혼살이를 증가시키는 심리적 요인은 다소 충격적이다. 글로벌 가구업체인 이케아가 최근 세계 38개 국가의 소비자를 대상으로 한 조사에서 그게 드러났다. '집에 홀로 있을 때 즐거움을 느낀다'는 문항이 단연 1위를 차지한 것이다. 반면 '집에서 가족들과 함께 웃는 시간에서 즐거움을 느낀다'는 문항은 꼴찌였다. 개인주의 성향이 강했던 구미 국가들보다 한국인이 혼자 있기를 더 좋아한다는 조사 결과는 우리나라가 극단적 개인주의 사회인 '나노 사회(Nano society)'에 진입해 있음을 말해 준다.

혼자 사는 쪽으로의 쏠림 현상은 단순한 세태 변화의 결과로만 볼 수 없다. 큰 바람이고 유행병 수준이다. 혼자 사는 사람이 많아지는 것을 보면 머리 염색 유행이 떠오른다. 요즘 길거리나 지하철 안에선 염색하지 않은 사람을 찾아보기 힘들다. 우리나라처럼 염색을 많이 하는 나라도 없을 것이다.

혼자 사는 것도 그렇다. 편해서 좋다며 혼자 사는 사람을 따라 사는 경향이 많다. 그게 익숙해지니 그 길로만 가고 싶어 하는 경로의 존(經路依存) 현상으로 굳어졌다. 비슷한 생각을 가진 사람들이 함께 모여 있으면 서로 영향받으며 믿음이 굳어지는 이른바 '반향실(反響室) 효과'도 많이 있는 것 같다. 이런 편향이 심해져 이제 혼살이는 '신드롬'이 됐다. 팬덤이 됐다. KB금융그룹이 발표한 「2022년 한국 1인 가구 보고서」에 따르면 혼살이 하는 가장 큰 이유로 '혼자가 편해서(61.3%)'를 내세웠다.

혼자 사는 사람이 늘어나는 것은 개인적으로나 국가적으로도 큰 문제다. 혼자 잘 살고 있는데 무슨 딴소리냐고 반문하겠지만 그렇지 않다. 무엇보다 개인적으로 노후 생활에 불안한 측면이 많다. 외로움과 무료함 등 좋지 않은 점도 한두 가지가 아니다. 건강 면에서도 그렇고, 수명에도 나쁜 영향을 미친다. 국가적으로 볼 때 저출산과 인구 감소에 직접적인 영향을 미치는 핵심 요인이다.

그럼 혼살이를 어떻게 해야 하나?
혼자 사는 것은 세태 변화에서 오는 또 하나의 삶의 형태로 볼 수 있다. 그런데 혼자 사는 사람이 너무 많아 이미 임계치(臨界値)를 넘어섰다. 전염병인 코로나는 예방 백신도 있고 치료약도 있지만 혼살이 유행병에는 이런 것들도 없다. '나' 혼자만 혼자 사는 것도 아니다. 앞다투어 혼자 살겠다고 하면 나라는 어떻게 되는가.

출산율 세계 꼴찌… 인구재앙 시작됐다

"응애~ 응애~."

2023년 1월, 충북 단양군 영춘면에서 2년 만에 아기 울음소리가 울려 퍼졌다. 온 면이 축제 분위기였다. 축하하기 위해 '영춘면 보물 1호'라고 쓴 현수막 3개가 면 소재지와 마을 입구에 걸렸다. 아이 부모에겐 꽃다발과 출산 축하금 220만 원이 전달됐다. 영춘면 등 단양 군 내 3개 면에서는 2022년엔 한 명도 태어나지 않았다.

합계출산율 0.65명.

아기 울음소리가 귀해지면서 2023년 말 출산율이 이렇게까지 떨어졌다. 합계출산율은 여성 1명이 평생 낳을 것으로 예상하는 평균 출생아 수다. 쉽게 풀이하면 100명의 여성에게서 태어난 아이가 모두 합해 65명이라는 말이다. 이를테면 60명이 65명을 낳았다면 40명은 낳지 않은 것이다. 인구를 유지하는 데 필요한 합계출산율은 2.1명이다. 합계출산율이 2.1명 이하이면 '저출산', 1.3명 이하이면 '초저출산'이라고 한다. 0.65명은 세계에서 맨 꼴찌다. 우리나라는 초저출산을 넘어 '극한 저출산'이다. 이런 출산율의 급격한 하락은 다른 나라에선 유례를 찾아볼 수 없는 극단적 기록이다. 인구학적으로도 설명이 안 된다. 아이를 안 낳는 부끄러운 나라가 됐다.

K출산율은 전 세계가 주목하는 대상이다. "한국은 완전히 망했네요. 와! 이런 수치는 들어 본 적이 없어요." 미국의 조앤 윌리엄스 캘리포니아대 명예교수는 2023년 8월, 한국의 출산율이 0.78명이란 말을 전해 듣고 두 손으로 머리를 부여잡으며 놀랍다는 반응을 보였다. 미국 뉴욕타임스 칼럼니스트 로스 다우댓은 2023년 12월 「한국은 소멸하는가」라는 제목의 칼럼에서 "한국의 인구가 흑사병 창궐로 인구가 급감했던 14세기 중세 유럽 시기보다 더 빠른 속도로 감소할 수 있다."고 경고했다.

2020년부터 나타나기 시작한 인구 감소의 폭과 내용이 심상찮다. 결혼하지 않고 혼자 사는 사람이 많아지면서 자연적으로 인구가 줄고 있는 것이다. 죽는 사람은 늘어나고 태어나는 아이는 줄고 있기 때문이다. 이른바 인구의 '데드 크로스(dead cross)'다. 나가는 물보다 들어오는 물이 적으면 호수는 마르는 법이다. 문제는 나가는 물은 갈수록 많아지는데 들어오는 물이 적어진다는 점이다.

앞으로의 인구 전망도 비관적이다. 통계청은 총인구가 2020년 기준 5,184만 명에서 앞으로 10년간은 연평균 6만 명 내외로 감소해 2030년에는 5,120만 명 수준으로 감소할 것으로 전망했다. 2070년엔 1979년 수준인 3,766만 명으로 줄어들 것으로 내다봤다. 수도권과 광역시의 인구까지 줄어드는 '지방소멸' 시대에 이미 진입했다. 시·군 자치구 228곳 중 절반이 넘는 118곳이 소멸위험 지역이다.

"출산율 저하 문제를 방치한 나라가 부흥한 나라는 없다."

『로마인 이야기』를 쓴 일본의 시오노 나나미는 로마가 망한 원인 중의 하나로 저출산을 꼽았다. 확실하게 검증된 것은 아니지만 우리나라의 극한 저출산을 보면 상당한 설득력을 가진다. 일찍이 "한국이 지구상에서 사라지는 최초의 국가가 될 것"이라고 예언했던 영국의 데이비드 콜먼 옥스퍼드대 명예교수는 2023년 "한국은 2750년 경에 국가소멸(extinction) 위험에 놓일 수 있다."고 경고했다. 그는 "한국이 인류 역사상 가장 빠른 경제 성장을 달성했지만 그 대가로 이를 물려줄 다음 세대가 없어졌다."는 뼈아픈 지적을 했다. 2017년 한국을 찾은 크리스틴 라가르드 당시 국제통화기금(IMF) 총재는 "저출산 한국은 집단 자살 사회와 같다."고 혹평했다.

너무 많이 낳아 산아제한 정책을 폈던 우리나라에서 한 해에 시·군 단위 규모인 10만~20만 명씩 줄어든다니 격세지감이다. 농촌 마을과 중소 도시에선 유아원과 유치원이 노인 요양원으로 바뀌었다. 결혼식장은 장례식장이 됐다. 시골에 가면 폐가가 많고 학교마저 폐교돼 이곳이 자신들이 살던 고향이 맞는지 의심할 정도로 변했다. 그런데도 젊은이나 우리 사회의 의식은 너무 안이하다. 모두 경각심을 가져야 하는데 혼자 살겠다고만 하니 난감할 뿐이다.

혼자 사느냐 함께 사느냐

텅 빈 신생아실

태어나는 아이가 갈수록 줄어 산부인과 병원의 신생아실이 텅
비어 가고 있다. 그 영향으로 산부인과의 폐원이 잇따른다.

거울 보며 밥 먹는다

"텔레비전을 보면서 먹다가 거울 앞에서 먹기 시작했다."

"「나 혼자 산다」라는 방송을 보며 먹었다."

"먹방을 보며 밥을 먹는다."

"미드(미국 드라마)나 영화를 보며 식사한다."

"해피(반려동물)에게 먹이를 주며 밥을 먹었다."

방송이나 신문에서 혼자 밥을 먹는(혼밥) 사람들이 집에서 식사할 때의 상황을 전하면서 한 말들이다. 이 가운데 가장 애처로운 모습은 단연 '거울을 보고 밥을 먹었다'는 것이다.

"술맛의 10%는 술을 빚은 사람입니다.

술맛의 90%는 마주 앉은 사람입니다(책『정철의 카피책』)."

혼자 술을 마시는 것도 그렇다. 이 광고 카피가 말해 주듯 술도 같이 마시는 사람이 있어야 제맛을 느낄 수 있다. 술도 그럴진대 같이 밥 먹을 사람이 없어 혼자 먹는다면 밥맛이 나기나 할까?

요즘 음식점에서도 혼자 와서 식사하는 사람들이 눈에 띄게 많아졌다. '혼밥'은 이미 우리 사회에서 낯설지 않은 현상이 됐다. 일상화된 지도 제법 오래다. '혼밥'은 혼자 사는 사람들의 시대상을 가리키

혼자 사느냐 함께 사느냐

는 상징적인 말이 됐다.

밥은 사람에게 아주 중요하다. '밥줄이다', '밥값 해라'란 말도 있다. "밥은 먹었느냐?"가 인사말처럼 사용돼 왔다. 밥을 혼자 먹는다는 것은 예전엔 흔치 않았다. 한 개인의 생활에서도 일반적이지 않다. 혼자서 식사하는 것이 더 편하다는 사람이 있기는 하다. '혼밥족' 출현은 개인화된 한국 사회의 한 단면을 보여 준다.

1인 가구에서는 혼밥이 다른 사람과 함께하는 식사보다 더 보편적이다. 한 조사에선 전체 대상자 중 하루 세끼를 모두 혼자 먹는 비율이 9%였지만 1인 가구에서는 52.3%로 절반을 넘었다. 이는 혼자 사는 사람들의 식문화가 이미 최소식구사회(最小食口社會)가 돼 있음을 말해 준다.

혼자 사는 사람이 늘어나면서 '혼' 자가 들어가는 신조어가 많이 생겨난다. 혼살이·혼밥·혼술·혼삼겹·혼커(혼자 커피)·혼공(혼자 공부)·혼운(혼자 운동)·혼코노(혼자 코인 노래방)·혼캉스(혼자 바캉스)·혼생(혼자 보내는 생일)·혼쇼(혼자 쇼핑)·혼쿡(혼자 쿠킹)·혼영(혼자 영화)·혼놀(혼자 놀기)·혼방(혼자 방송)·혼토이즘(혼자 사진 찍기)·혼놀로그(혼자 노는 브이로그)·혼라이프(혼자+라이프)·혼살이(혼자 사는 것)·혼코노미(혼자+이코노미) 등 많기도 하다.

이런 말들의 탄생은 포털 검색, 모바일 애플리케이션, 블로그와 인스타그램 등에서 일찌감치 감지됐다. '혼자'가 키워드로 2010년 초반부터 눈에 띄기 시작하더니, 2013년엔 의미 있는 숫자가 됐다. 2018년에는 39개로 많아지고 2020년엔 65개로 크게 증가했다(빅데이터 전문가 송길영). 10년도 되지 않아 '혼자'가 가장 주요한 키워드가 된 것이다. 작은 변화들이 모여 큰 변화를 만들어 내는 방향성이 혼자 사는 사람들의 일상 트렌드가 됐다. 이게 혼살이 문화의 확장성이다.

젊은이들은 '혼' 자가 들어가는 일과 생활에 갈수록 익숙해지고 있다. 이들의 생활과 활동 영역이 넓어지면서 신조어들이 앞으로도 계속 나올 것이다. 이러한 신조어는 혼자 사는 젊은이들에겐 자유로움과 자긍심의 표현이겠다. 그러나 나는 '혼자'라는 말만 들어도 '이건 아닌데….'라는 생각이 든다. 사람 사는 세상인지라 '함께', '같이', '더불어'라는 말이 많이 쓰여야 할 텐데 안타깝기만 하다.

식사는 어떤가. 부러 혼밥하는 사람도 있긴 하다. 정훈교 시인은 "난 혼자지만 혼밥이 좋다."고 읊었다. 하지만 '혼밥'은 아무리 생각해도 궁상맞아 보인다. 천양희 시인은 "궁지에 몰린 마음을 밥처럼 씹어라, 어차피 삶은 네가 소화해야 할 것이니까."(시 「밥」)라고 했다. 이덕규 시인의 시 「혼밥」에도 이런 분위기가 풍긴다.

혼자 사느냐 함께 사느냐

혼밥

이덕규

혼자 먹는 밥이 서럽고 외로운 사람들이
막막한 벽과
겸상하러 찾아드는 곳

밥을 기다리며
누군가 곡진하게 써 내려갔을
메모 하나를 읽는다

"나와 함께
나란히 앉아 밥을 먹었다"

그렇구나, 혼자 먹는 밥은
쓸쓸하고 허기진 내 영혼과
함께 먹는 혼밥이었구나

화장실에 갇혀 큰일 날 뻔했다

2023년 10월, 원룸에 거주하는 젊은 자취생이 화장실에 갇혔다. 문을 열고 나오려 했으나 문고리가 헛돌기만 했다. 창문도 없는데다 환풍기만 있고 휴대폰도 밖에 두고 들어온 상태라 막막하기만 했다. 사람 살리라고 소리를 지르기 시작했다. 아침이었던 때라 아무 반응도 없었다. 숨이 가빠 오며 위기감이 엄습했다. 하는 수 없이 마지막 수단으로 발로 수없이 걷어차 부수고 나왔다. 발은 상처투성이가 됐다. 그는 살아 나온 게 다행이라며 급박했던 당시를 떠올렸다. 자신의 신체조건이 키 181㎝에 몸무게 97㎏이라 가능했지 어린아이나 여자였으면 쉽지 않았을 것이고, 철문이나 통나무 문이었으면 불가능했을 것이라고 말했다.

20대 후반의 청년이 화장실에서 아찔한 시간을 맞았다. 2021년 8월의 일이다. 볼일을 본 뒤 화장실 문고리를 돌렸지만 삐걱거리는 소리만 날 뿐 문이 열리지 않았다. 몇 번 더 잡아 세게 흔들다 보니 문고리가 완전히 빠지고 말았다. 뭔가 손을 써 볼까 하고 주위를 살펴보니 코털을 정리하는 미용가위밖에 없었다. 그것으로 문 틈새를 열어 보려고 애썼지만 꿈쩍도 하지 않았다. 습관처럼 들고 다니던 휴대폰을 그날따라 안 가져온 것이 몹시도 후회됐다. 하는 수 없

이 문을 두들겼다. 사람이 갇혔다고 외쳐 댔으나 아무런 기척이 없었다. 등줄기에선 식은땀이 나기 시작했다. 그런 상태에서 두어 시간 지났을 무렵, 사람 살려 달라는 외침을 들었는지 초인종 소리가 들렸다. 옆집 사는 남자였다. 그가 8층에 사는 집주인과 함께 공구를 들고 와 문을 따 줘 나올 수 있었다.

어느 30대 여성이 겨울에 당했던 일이다. 그동안 살았던 낡은 빌라들은 대부분 문고리가 헐겁거나 잘못 닫으면 문이 밖에서 잠기기도 했다. 그래서 화장실에 갈 때 문을 제대로 닫지 않을 때가 많았다. 그런데 어느 추운 날 샤워를 하는 동안 문이 쾅 닫혀 버리고 말았다. 그녀는 벌거벗은 채로 오들오들 떨며 한참을 갇혀 있어야 했다. 화장실 안에는 문을 열 수 있는 어떤 장비도 없어 별짓을 다해 봤지만 소용이 없었다. 그렇게 30분을 소비한 후 겨우 문을 부수고 밖으로 나올 수 있었다. 그것도 나무 문이 곰팡이 때문에 안쪽이 휘어져 있어서 가능했던 탈출이었다. 그 뒤로 그녀는 화장실에 갈 때마다 배터리 상태까지 확인한 후 휴대폰을 꼬박꼬박 가지고 들어가게 되었다.

이처럼 혼자 살면 예상치 못했던 위험이 항상 따른다. 언제 어떤 일을 당할지도 모른다. 혼자 살다 위급한 상황에서 응급조치를 받지 못해 생명을 잃는 경우도 흔하다.

건강에도 안 좋고 수명은 단축된다

체지방량 표준 이상, 체지방률 비만(여성 출연자).

체지방률 비만, 체질량지수 비만(남성 출연자 A).

체지방률 비만, 체질량지수 과체중(남성 출연자 B).

이상은 2023년 3월 17일 MBC의「나 혼자 산다」프로그램에 출연한 3명의 건강검진 결과다. 이들은 전원 비만 판정을 받았다. 필요한 감량 몸무게는 각각 5kg, 10.8kg, 12.9kg이었다.

자신이 먹고 싶은 대로 먹고 살면 그 결과는 어떨까? 혼자 사는 사람들의 식습관과 생활 패턴이 건강에는 좋지 않은 영향을 미친다는 게 전문가들의 일관된 지적이다. 배달 음식은 혼자 사는 사람들이 즐겨 찾는다. 기름진 육류와 튀김, 빵 등 정제 탄수화물류가 많다. 식사를 제때 하지 못하거나 폭식하기도 한다. 늦잠 자고 늦게 일어나는 불규칙한 생활도 건강을 해친다. 편하게 산다는 것은 결국 일을 많이 안 하고 사는 것이다. 건강에 좋을 리 없다. 우유를 배달시켜 먹는 사람보다 우유를 배달하는 사람이 더 오래 산다.

혼밥 하는 사람에겐 대사증후군 위험이 뒤따른다. 서영성 계명대학교 가정의학과 교수팀이 실시한 국민건강영양조사에서 나온 결과다. 65세 미만 성인 남녀 1만 717명을 대상으로 혼밥이 건강에 미치는 영향을 분석해 보니 대사증후군 위험이 1.5배나 증가했다. 국민건강보험공단 자료를 분석한 결과, 20~30대의 대사질환자가 중장년층보다 빠르게 늘어난 것으로 나타났다. 달고 짠 음식으로 당뇨나 고혈압 환자도 10년 전에 비해 각각 73.8%, 45.2% 증가했다. 비만도 문제다. 우리 아들도 혼자 살 때 과체중이 염려됐었다.

배우자 없이 홀로 지내는 사람은 배우자와 함께 사는 사람보다 사망 위험이 15% 높다는 연구 결과도 나왔다. 아시아코호트컨소시엄이 한국을 비롯한 아시아인 62만 3,140명을 대상으로 실시한 조사에서다. 비혼·이혼·별거 등의 이유로 혼자 사는 사람의 사망 위험이 함께 사는 부부와 많은 차이를 보였다.

혼자 사는 남성은 배우자가 있는 사람보다 수명이 짧다는 통계도 있다. 일본의 독신연구가인 아라카와 가즈히사가 2020년 일본의 사망자 통계를 분석한 결과, 독신 남성이 기혼자보다 수명이 14년이나 짧은 것으로 나타났다. 기혼 남성의 사망 연령 중간치가 81.6세인데 반해 미혼 남성은 67.2세였다.

혼자 사는 사람들은 대체로 술을 많이 마신다. 한국농촌경제연구원의 보고서에 따르면 주류비 지출이 2인 이상 가구에 비해 높은 것으로 나타났다. 운동량은 줄고 과음하는 경우가 많아 30대 남성의 비만 유병률이 50%를 넘었다. 고지혈·고혈압 등 만성질환에도 많이 노출돼 있다. 혼자 살면 심혈관 질환 위험도 커지는 것으로 나타났다. 이런 등등의 이유로 혼자 사는 젊은이들이 부모보다 더 빨리 늙고 있다(가속 노화).

1인 가구의 행복지수도 여러 사람이 사는 가구에 비해 낮은 것으로 밝혀졌다. 서울연구원이 2021년 도시정책지표조사 대상 가구원의 데이터를 분석한 결과 1인 가구의 행복지수는 10점 만점에 5.7점으로, 다인 가구의 6.4점보다 낮았다. 또 혼자 자는 싱글이 이성인 파트너와 함께 자는 커플보다 수면의 질이나 만족도가 낮은 것으로 미국 애리조나대 연구진에 의해 밝혀졌다.

건강하게 사는 사람은 다 이유가 있다. 그냥 건강한 게 아니다. 대체로 자기관리를 잘한다. 몸에 좋지 않은 음식은 삼간다. 폭식이나 폭음도 없다. 운동은 필수다. 건강하게 사는 사람들은 대체로 혼자 살지 않는다. 가족이 있거나 함께 산다. 사람 사는 데는 건강이 제일이다. 아무리 강조해도 지나치지 않다. 건강을 잃으면 모든 걸 잃기 때문이다. 혼자 살며 불규칙적인 식사나 폭식·폭음하며 건강하기를 바라는 건 있을 수 없는 일이다. 함께 살면서 혼밥하지 않고 건강에 좋은 집밥을 함께 만들어 먹으면 얼마나 좋을까.

편하게 살려다 불행한 노후 맞는다

"혼자 사니 그렇게 편할 수 없어!"

혼자 사는 사람들한테서 흔히 듣는 말이다. 다른 사람의 간섭과 영향을 받지 않고 뭣이든 하고 싶은 대로 하고 살 수 있기 때문이다. 사용하는 기기는 버튼만 누르거나 리모컨으로 작동하면 된다. 기기에 명령만 내리면 척척이다.

"더 편할 수 없을까?"

더할 나위 없이 편한 세상이 됐음에도 사람들은 한없이 편해지려고 한다. 어느 날 신문을 보니 "발만 올리면 하체가 운동된다."는 제품의 광고가 눈에 띄었다. '전신순환 발목펌프 운동기구'다. 이 얼마나 편한가!

편함을 추구하는 젊은이들은 막강한 소비 주체로 새로운 소비 패턴과 문화를 만들어 냈다. 이들의 삶은 미래를 위해 현재를 희생하기보다는 단 한 번뿐인 인생을 즐긴다는 '욜로(You Only Live Once)' 라이프스타일이다. 이른바 'For Me' 경제다. 혼살이족들이 소비시장의 지형도를 바꾸면서 '혼코노미'란 신조어까지 나왔다. '혼자'와 이코노미(economy)를 합친 말이다. 혼코노미 시장에서 가장 빠르게 대응한 곳은 식품업계다. 먹거리는 설거지조차 귀찮아하는 소비자들을 겨냥해 '초간편식'으로 진화했다. 용기에 담긴 그대로 먹고 버리는 '노 디시(no dish)', 불을 쓰지 않고도 조리가 가능한 '노 파이어(no fire)' 간편식이 인기다. 사는 데 '노 불편'이다.

요즘은 혼자 사는 사람들에게 불편함이라는 게 거의 없을 정도로 최적화된 환경을 갖췄다. 우리나라처럼 혼자 살기 좋은 나라도 없다. 편한 세상이 되다 보니 조금만 불편해도 불평하고, 걸핏하면 힘들다고 한다. 편함에 익숙해지면 결국 중독되는 법이다.

젊은이들은 혼자 살기가 편하니 행복하다고 말한다. 우리 아들도 혼자 살 때 이런 말을 자주 했다. 그런데 이때 느끼는 그 편함이 곧 '행복'이라고 잘못 생각하는 데 문제가 있다. 행복이란 아주 멀리 있는 것이 아니다. 내 가까이, 아니 내 발밑에도 있다. 불교 경전인 법구경은 "행복도 내가 만드는 것이고 불행도 내가 만드는 것"이라고 했다. 법정 스님도 "행복은 밖에 있는 것이 아니고 늘 내 안에 있는 것"이라고 말했다. '행복은 상태가 아니라 태도'라고도 한다(책 『한동일의 라틴어 인생수업』). 일상 생활에서 느끼는 '소소하지만 확실한 행복(소확행)'이 참행복이 아닐는지.

그렇다면 행복은 얼마만큼 오고 얼마나 존속되는 것일까. 마음먹기에 달려 있다. 행복은 '채움'에서 오는 것이 아니고 '비움'에서 온다. 닫힌 마음이 아니라 열린 마음에 찾아온다. 힘들더라도 결혼해 가정을 꾸리고 자녀를 낳아 함께 살면서 느끼는 행복이 더 의미 있는 행복이 아닐까. 행복이라는 것은 잠시 존재할 뿐 인생의 끝까지 지속되는 것은 아니다. 그래서 "화려한 싱글보다 잘 사는 커플이 더 좋다."는 말이 나왔으리라.

사람의 일생에서 가장 편한 시기는 젖먹이 때다. 손 하나 까닥 안 해도 된다. 먹여 주고, 씻겨 주고, 입혀 주고, 얼러 잠까지 재워 준다. 먹는 것도 그냥 삼키기만 하면 된다. 이보다 더 편할 수 없다. 이런 편함이 말년에 대반전돼 찾아온다. 이때는 보호자나 간병인 등의 도움을 받아야 한다. 거동할 수 없으니 다른 사람이 음식을 입에 넣어 준다. 그렇지 못할 경우엔 호스로 먹인다. 편함이 최악의 불편함으로 뒤바뀌는 것이다. 편함은 저축이 안 되지만 불편함은 죽을 때까지 꼬박 쌓이는 게 세상 이치다. 편함의 업보다.

행복을 멀리 있는 것처럼 생각하거나 편함이 곧 행복이라고 과신하는 젊은이들에게 들려주고 싶은 시가 있다. 중국의 무명 비구니가 지었다는 「봄」이란 오도시(悟道詩)와 칼 붓세의 「산 너머 저쪽」이란 시다. 허망한 행복을 찾다가 눈물을 머금고 돌아오는 일이 생기지 않기를 바라는 마음 간절하다.

봄

중국 무명 비구니

온종일 봄을 찾아봐도 봄을 보지 못해
짚신 닳도록 먼 산 구름 덮인 곳까지 헤맸네
집에 돌아와 웃으며 매화꽃 향기 따라가니
봄은 어느새 집 매화나무 가지에 와 있었네

혼자 사느냐 함께 사느냐

산 너머 저쪽(Über den Bergen)

칼 붓세

저 멀리 산 너머

사람들이 행복이 있다고 말들 하기에

아아, 나는 다른 사람 따라갔다가

눈물만 머금고 돌아왔네

저 멀고 먼 산 너머

사람들은 말하네 행복이 있다고

혼자 사는 사람에게 가혹한 '외로움'

"외로우니까 사람이다."

정호승 시인은 이렇게 외로움을 말했다. 이는 "사람이니까 외롭다."라고 해도 괜찮을 것 같다. 어쨌든 모든 사람은 정도의 차이가 있을 뿐 외로움을 느끼고 산다. 주변에 사람이 없으면 더 외로운 법이다. "나는 너무 외로운 남자"라며 "누군가 전화할 사람이 있으면 좋겠어요."라고 애소하는 「Mr. Lonely」라는 노래도 있다. 미국 팝가수 바비 빈튼이 1960년대 불러 히트한 곡이다.

"저는 사랑하는 아내이자 영혼의 동반자인 아내 Jo를 잃었습니다. 친구나 가족이 없어 대화할 사람이 없습니다. 24시간 계속되는 적막감은 견딜 수 없는 고문입니다. 저를 도와줄 사람이 없나요(Can no one help me)?"

2020년 9월 14일자 영국 타블로이드 신문 메트로에는 이색적인 광고가 실렸다. 남부의 햄프셔에 사는 75세의 토니 윌리엄스가 외로움에 지친 나머지 간절히 도움을 요청하는 광고를 낸 것이다. 외로움이 얼마나 혹독했으면 이렇게까지 했을까?

실제 영국엔 외로움으로 고통을 겪는 사람들이 많다. '조 콕스 고독위원회'가 내놓은 보고서에 따르면 인구 6,400만 명의 영국인 가운데 900만 명이 항상 또는 자주 외로움을 느낀다는 조사 결과가 나왔다. 의사 4명 중 3명이 하루에 1명에서 5명의 환자가 외로움을 호소하며 자신의 병원을 찾는다고 말했다. 영국에선 이처럼 외로움 문제가 심각해지자 2018년에 세계 최초로 '외로움 담당 장관(Minister for Loneliness)'직을 신설했다. 사회체육부 장관 겸직이다.

외로움 문제는 일본에도 아주 심각하다. 2022년 조사에서 일상생활에서 외로움을 느낀 사람이 약 40%에 이르고, 고령자보다 20~30대가 많다는 결과가 나왔다. 이로 인해 혼자 죽음을 맞이하는 고독사가 격증하고 있다. 외로움 문제가 심각해지자 일본도 2021년에 내각 관방청 산하에 '고독·고립 대책 담당실'을 신설했다.

외로움에 대한 심각성은 우리나라도 마찬가지다. 삼성서울병원 홍진표 교수 연구팀이 2021년 18~19세 5,511명을 대상으로 조사한 결과 11.4%가 외로움을 느낀다고 응답했다. 국민건강보험공단 집계 결과, 2022년에 우울증으로 진료를 받은 사람이 무려 100만 744명에 이른 것으로 나타났다. 19~39세의 '은둔형 외톨이'도 무려 35만 명이나 되는 것으로 여성가족부는 추정했다. 2024년 1월엔 미국의 베스트셀러 작가이자 인플루언서인 마크 맨슨이 '세상에서 가장 우울한 나라를 여행했다'는 영상을 올리기도 했다. 어찌 이런 상황이 됐는지 안타깝기만 하다.

외로움과 고독은 오직 사유의 능력이 있는 인간에게만 주어진 정신적 고통이다. 외로움은 인간에게 가장 위험한 질병이다. '죽음에 이르는 병'으로도 불린다. 시카고대학의 카치오포 교수는 "현대인의 가장 총체적인 사망 요인은 사고나 암이 아니라 외로움"이라고 했다. 힘들거나 어려울 때 옆에서 같이 공감해 주거나 이를 호소할 사람이 없으면 외로움은 극에 달한다. 그래서 레바논에는 '사람이 없다면 천국조차 갈 곳이 못 된다'는 속담도 있다.

21세기의 감염병으로도 불리는 외로움의 폐해는 심각하다. 우울증·무력감·분노 등을 일으킨다. 미국 공중보건서비스단은 "외로움이 하루 담배 15개비 피우는 만큼 해롭다."는 내용의 보고서를 내놓았다. 외로움과 고립에 시달리면 심장병에 걸릴 확률이 29% 더 높고, 뇌졸중은 32%, 치매는 50%가 더 높다는 것이다.

혼자 사는 사람 가운데 자살하는 사람이 많은 것은 심각한 문제다. 자살률은 우리나라가 국제협력개발기구OECD 회원국 가운데 가장 높다. 자살의 70%는 우울증이 주원인이다. 우울은 고독사를 불러올 수 있기에 보통 문제가 아니다. 높은 K자살률은 낮은 K출산율과 더불어 우리나라의 부끄러운 단면이다. 외로움으로 힘들어하는 사람이 있다면, 정호승 시인의 「수선화에게」란 시로 위로해 주고 싶다.

수선화에게

정호승

울지 마라

외로우니까 사람이다

살아간다는 것은 외로움을 견디는 일이다

공연히 오지 않는 전화를 기다리지 마라

눈이 오면 눈길을 걸어가고

비가 오면 빗길을 걸어가라

갈대숲에서 가슴검은도요새도 너를 보고 있다

가끔은 하느님도 외로워서 눈물을 흘리신다

새들이 나뭇가지에 앉아 있는 것도 외로움 때문이고

네가 물가에 앉아 있는 것도 외로움 때문이다

산 그림자도 외로워서 하루에 한 번씩 마을로 내려온다

종소리도 외로워서 울려 퍼진다

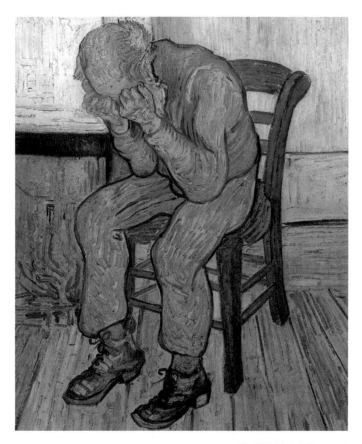

크뢸러뮐러미술관 소장, 1890년

빈센트 고흐, 「영원의 문에서」

슬픔과 번뇌에 빠진 고독한 노인의 남루한 모습.

누구보다도 고독을 절감했을 것으로 짐작되는 고흐는

죽음을 넘어선 영원의 세계를 꿈꾸었던 것 같다.

에드바르 뭉크, 「멜랑콜리」

'현대 표현주의 미술의 선구자'로 불리는 뭉크는

죽음, 불안, 고독 등의 주제에 깊이 천착했다.

멜랑콜리란 우울을 뜻하는 것으로, 불안과 함께

현대인이 안고 있는 정서적 내면을 담아냈다.

유명한 「절규」를 그린 뭉크도 고흐처럼 평생 혼자 살았다.

비참한 고독사, 남의 일 아니다

2023년 6월 20일, 서울 강남구 역삼동에서 이름이 꽤 알려진 30대 가수가 스스로 생을 마감했다. 주검이 발견돼 병원으로 옮겨졌으나 장례를 치를 가족이 없었다. 무연고 사망자로 시신이 한 달 가까이 냉동실에 안치돼 있어야 했다. 뒤늦게 강남구청이 매니저를 장례 주관자로 지정해 7월 16일에야 가까스로 장례를 치렀다.

2023년 9월 28일, 서울 강동구의 한 아파트에서 수학 강사로 일하는 40대 남성이 숨진 채 발견됐다. 경찰은 최근 몇 달 동안 이 아파트 주민들이 악취 민원을 제기한 점에 비추어 사망한 지 두 달 이상 된 것으로 추정했다. 2021년 12월 서울 강서구 화곡동 다세대주택에서 뒤늦게 신고된 30대 남성의 시신은 백골 상태였다.

이런 비극적인 죽음에는 공통점이 있다. 망자가 혼자 사는 사람들이라는 점이다. 신문에서 취급되지 않은 것까지를 포함하면 이런 유형의 죽음은 훨씬 많을 것이다. 신문 광고란에는 연고가 없는 사망자의 주검 처리에 대한 공고가 이따금 실리기도 한다.

고독사한 사람들의 시신은 짧게는 며칠, 길게는 몇 달 이상 방치

된다. 해를 넘긴 경우도 있다. 먹다 남은 음식과 각종 쓰레기에 시신에서 흘러나온 부패물, 꼬여드는 파리와 구더기 떼, 밀폐된 공간에 꽉 찬 냄새까지, 처참하기 그지없다.

혼자 살다 숨진 뒤 뒤늦게 발견된 죽음을 고독사(孤獨死)로 불러왔다. '고독사'란 말은 장기 불황을 뜻하는 '잃어버린 20년'을 맞은 1990년대 일본에서 나왔다. 고독사와 비슷한 말로 고립사 · 독거사 · 무연사(無緣死) 등이 있다.

일본에서는 비극적인 고독사가 갈수록 크게 늘어 오래전부터 사회문제로 대두됐다. 도카이(東海) TV는 2020년 일본에서 고독사가 연간 2만 8,000건에 달한다고 보도했다. 하루 평균 76명이 이렇게 세상을 떠나는 셈이다. 도쿄에서만 2016년 3,179명에서 2020년엔 4,238명으로 증가했다.

우리나라는 어떤가. 2021년에 고독사한 사람이 3,378명(자살 포함)으로 집계됐다. 매년 증가 추세다. 성별로는 남성이 84.1%로 여성보다 많았다. 젊은 층인 20, 30대도 22.1%에 이른다. 모든 지표에서 고독사가 전 연령층에 퍼져 있음을 보여 준다. 한국보건사회연구원이 2024년에 조사한 결과 혼자 사는 사람 10명 가운데 8명이 고독사 위험군에 속한 것으로 나타났다.

끝까지 혼자 살면 많은 사람이 홀로 죽는다. 이런저런 사유로 홀로되고, 사는 공간에 다른 사람이 없으면 그렇게 될 수밖에 없다. 결혼하지 않거나 결혼했더라도 아이를 낳지 않으면 말년에 이런 죽음을 맞게 될 가능성이 많다.

야마다 마사히로는 2030년엔 일본의 독신자가 수백만 명에 이르고, 매년 20만 명이 고독사를 맞게 될 것이라고 예상했다. 이때쯤이면 우리나라에서도 수만 명이 이렇게 죽을 가능성이 높다. 문제는 지금 편한 삶을 즐기며 혼자 사는 사람 가운데 비참한 죽음을 남의 일처럼 생각하는 사람이 많다는 점이다.

죽음은 누구에게나 찾아오는 공평한 것이다. 평소에 죽음을 생각하면서 사는 사람은 얼마 안 된다. 이런 죽음을 모르고 혼자 살면 험한 죽음을 맞을 가능성이 아주 많다. 그래서 옛날 로마 시대 때부터 '죽음을 기억하라(메멘토 모리 memento mori)'고 했다. '언젠가는 너도 죽을 것임을 기억하라'는 말이다.

자신의 소중한 생명은 자신이 지켜야 한다. 누가 대신 죽어 줄 수도 없다. 죽으면 끝나는 게 인생이다. 비참하게 고독사하는 일이 결코 있어서는 안 된다. 죽을 때 누군가가 자신 곁에서 죽음을 지켜 주고 그 주검도 거둬 줘야 하는 것 아닌가.

평생 가는 '꽃길'은 없다

"꽃길만 걸어요."

요즘 젊은이들 사이에 많이 오르내리는 말이다. 연예인이나 고난을 극복한 사람을 응원할 때 즐겨 쓴다. 이때 '꽃길'이란 꽃이 피어 있거나 꽃으로 꾸며진 길이 아니다. '순탄하고 순조로운 경로를 비유적으로 이르는 말'이다. 이 말이 퍼진 것은 편한 길만 걷고 싶어 하는 젊은이들의 정서와 기대 심리가 맞아떨어졌기 때문이다.

'꽃길'이란 말은 어려운 환경에서 자라 온 나와 같은 세대에게는 생소하게 느껴진다. 그보다는 인생은 '고생길(여기서도 길을 의미하는 것이 아님)'이라는 말이 더 와닿는다. '꽃길'은 언감생심이다. 오래전부터 인생은 흔히 험한 산에 오르는 산행이나 거친 바다를 항해하는 고해(苦海)에 비유해 왔다. 뻔한 이야기지만 이보다 적절하게 인생을 표현한 비유는 없다. 사람마다 나름의 사연이 있을 것이기에 인생을 '길'로 비유해도 괜찮을 것 같다. 이 '인생길'은 한 번밖에 갈 수 없다. 다시는 되돌아올 수 없는 길이다.

"아무도 걸어가 본 적이 없는 그런 길은 없다." 시인 매기 베드로시안은 이렇게 읊었다. 하지만 사람들은 저마다 조금씩이라도 다른 길을 간다. 평탄한 길만 있는 게 아니다. 포장된 도로가 끝나면 비포장도로가 나온다. 진흙길도, 오르막길도 있다. 가다가 잘못된 길로 접어들기도 하고, 길을 잃을 수도 있다. 이게 길 위의 인생이다. 일흔이 넘은 한 여가수는 "인생의 강물은 늘 원치 않는 곳으로 나를 데려다주었다."고 말했다. 바라던 바가 아니었다는 것이다.

요즘 혼자 사는 젊은이들의 생활 지향점은 한마디로 '편함'이다. 편함을 싫어하는 사람은 없을 테지만 그 정도가 다른 사람들에 비해 훨씬 더한 편이다. 그래서 편한 길로만 가고 싶어 한다. 그 길이 바로 꽃길일 터다. 그런데 멀고도 멀리 가는 인생길에 끝까지 가는 꽃길은 없다. 늙어 중병에 걸리면 누구나 험한 길을 가야 한다. 꽃길이 있다면 한때뿐이다. 아름다운 꽃도 이내 시드는 법이다. 실은 꽃길보다 험한 길이 더 많이 있는 게 우리네 인생이다.

사람이 가는 길에는 두 길이 있다. 함께 가는 길과 혼자 가는 길이다. 혼자 가는 길은 혼자 사는 것이다. 함께 가는 길은 누군가와 함께 사는 것이다. 혼자 가는 사람은 가까운 앞만 보고 가고, 함께 가는 사람들은 멀리 보고 간다. 혼자 가는 길은 가다가 끝나지만 함께 가는 길은 계속 이어진다. 프로스트의 시 「가지 않은 길」처럼 '간 길'과 '가지 않은 길'도 있다. 어느 길로 가느냐에 따라 인생이 달라진다.

길은 자신이 어떤 곳을 향해 가고 있는지를 알아보는 통로다. 그래서 길을 제대로 가고 있는지 한 번쯤 점검해 보는 것이 중요하다. 아메리칸 인디언들은 말을 타고 달리다가 멈춰서 뒤를 돌아본다고 한다. 자신들의 영혼이 뒤처지지 않고 잘 따라오고 있는지를 짚어 보는 게 그들의 지혜로운 성찰이었다.

길을 가는 데 누구와 같이 가고 있는가도 중요하다. 100세까지 가는 먼 길을 과연 혼자 갈 수 있는가. 없는 꽃길만 찾아가다 인생을 망칠 수도 있다. 이참에 생각해 보자. 나는 길을 제대로 가고 있는가? 양광모 시인은 "가장 넓은 길은 네 마음속에 있다."고 했다. 여러분의 마음속에서 제대로 가는 넓은 길을 다시 찾고, 그 길로 나가야 한다. 이때 로버트 프로스트의 시는 시사하는 게 많다.

가지 않은 길(The Road not Taken)

로버트 프로스트

단풍 든 숲속에 두 갈래 길이 있었습니다.

몸이 하나라 두 길을 가지 못해

안타까워 한참 서서

낮은 수풀로 꺾여 내려가는 한쪽 길을

멀리 끝까지 바라보았습니다.

그리고 다른 길을 택했습니다,

똑같이 아름답지만

풀이 우거지고 발길이 닿지 않아 더 나아 보이는 길을.

내가 그 길을 지나기에

그 길도 똑같이 닳은 셈이 되었습니다.

그날 아침 두 길은 똑같이 놓여 있었고

낙엽 위로는 아무런 발자국도 없었습니다.

아, 나는 한쪽 길은 훗날을 위해 남겨 놓았습니다.

길이란 이어져 계속 가야만 한다는 걸 알기에

혼자 사느냐 함께 사느냐

다시 돌아올 수 없을 거라 여기면서.

아주 오랜 시간이 지난 먼 훗날에

나는 어디에선가 한숨지으며 이야기할 것입니다.

숲속에 두 갈래 길이 있었고,

나는 사람들이 적게 간 길을 택했다고.

그리고 그것 때문에 모든 것이 달라졌다고.

가장 넓은 길

양광모

살다 보면

길이 보이지 않을 때가 있다

원망하지 말고 기다려라

눈에 덮였다고

길이 없어진 것이 아니요

어둠에 묻혔다고

길이 사라진 것도 아니다

묵묵히 빗자루를 들고

눈을 치우다 보면

새벽과 함께

길이 나타날 것이다

가장 넓은 길은

언제나 내 마음속에 있다

화려한 싱글은 없어도 잘 사는 커플은 있다

"화려한 싱글, 결코 없습니다."

최근 인터넷에 화려한 싱글을 즐기다 늦게 한 결혼을 후회하는 여성의 글이 올라왔다.

"늦은 나이에 결혼하다 보니 아이가 벌써 중학교에 다니는 친구들도 있습니다. 하지만 저는 이제 막 결혼해서 늦은 신혼을 즐기고 있습니다. 제가 결혼하기 전에는 결혼한 친구들이 제 자유로움을 무척 부러워했습니다. 저는 그때 화려한 싱글의 삶에 만족하면서 썸을 타며 즐겼습니다. 그런데 결혼해 아이를 출산하고 보니 이미 육아 단계를 끝낸 친구들이 마냥 부럽기만 합니다. 언제 저만큼 키울까라고 생각하니 눈앞이 캄캄합니다. 화려한 싱글이었던 저의 삶을 부러워했던 친구들이 이제는 '노산인데 얼른 아이를 낳아 빨리 키우라'면서 은근히 약을 올리기도 합니다."

"결혼은 미친 짓이야!"

도입부부터 파격적인 「화려한 싱글」이란 노래가 2000년대 초에 크게 유행했다. 그렇다면 2030 젊은이들이 누리고 싶어 하는 화려한 싱글라이프가 있기는 한 것일까? 화려한 싱글을 자신하며 이혼한 40대 중반 남자의 이야기를 들어 보자.

"이혼 초엔 자녀가 없기에 화려한 싱글을 자신했다. 그런데 최근엔 외롭다. 퇴근 후 이어지는 집안일이 귀찮고 버겁기까지 하다. 주변에선 취미 활동을 하기나 동호회 등을 즐기라고 한다. 하지만 직장에 다니면서 그런 여유를 갖기가 쉽지 않다. 더욱이 외향적인 성격이 아니라서 전혀 모르는 사람들과 모임을 갖는 것도 부담스럽다. 코로나에 감염돼 심하게 앓았을 때는 이러다가 고독사하는 게 아닌가 하는 두려움마저 들었다. 매일은 아니지만 지독하게 외로워질 때가 있다. 친구도 없고 주변에 아무도 없을 때가 가장 힘들다."

결론부터 말하자면, 화려한 싱글은 없다고 감히 말하고 싶다. 앞서 쓴 '평생 가는 꽃길은 없다'와 마찬가지다. 이 세상엔 화려해지고 싶은 싱글이나 다른 사람에게 화려하게 보이고 싶은 싱글들이 많다. 하지만 이내 현실의 벽에 가로막히고 만다. 화려한 싱글은 가공의 드라마에는 나올 수 있다. 물론 화려하게 살았던 시절과 그런 때는 있을 수 있다. 그러나 평생 가는 꽃길이 없는 것처럼 끝까지 가는 화려한 싱글은 없다.

"고등학교 때 아버지를 여의었다. 그때부터 가장이 되어 갖은 노력으로 방송인이 됐다. 사업에도 뛰어들었다. 사업이 잘돼 주식시장에 상장까지 시켜 수백억 원을 벌었다. 그런데 돈을 수백억 원을 벌면 뭐 하나. 결혼도 못 했는데…. 앞으로의 인생 목표가 사라진 느낌이다. 돈으로 행복한 건 고작 한두 달뿐이었다."

혼자 사느냐 함께 사느냐

이는 환갑을 넘긴 어느 인기 연예인의 회한이 담긴 넋두리다.

"노래하는 게 축복이고 아름답긴 하다. 하지만 음악을 하면서 쌓은 명성만큼 여자의 삶에 대한 행복에 만족스럽지 못하다. 후회가 남는다. 다시 태어난다면 그냥 사랑하는 사람과 결혼해서 아이 낳고 오순도순 여자로서 평범한 행복을 맛보고 싶다."

세계적인 명지휘자 폰 카라얀으로부터 '신이 내린 목소리'라는 절찬을 들으며 화려한 성악가의 인생을 살아온 조수미 님이 2018년 MBC의 「일요인터뷰人」에서 한 말이다. 이처럼 화려했던 사람들에게도 아쉬움과 회한이 많은 것이다.

많은 사람들은 화려하게 살기를 갈망한다. 이렇게 살려면 모든 여건이 100% 충족돼야 한다. 사실 혼자 살아갈 수 있다는 것은 대단한 능력이다. 소중한 자산이기도 하다. 삶을 성공적으로 개척하고 더 많은 행복을 느끼며 살 수도 있다. 하지만 혼살이에는 삶의 필요조건이나 충분조건에 결정적인 약점이 있다. 바로 혼자 산다는 것이다. 이게 한계다. 화려한 싱글의 꿈을 갖는 건 좋지만 헛된 꿈이라면 일찍 버리는 게 지혜로운 삶이다. 단언컨대 결혼은 미친 짓이 아니다. 그리고 '화려한 싱글'은 없어도 '잘 사는 커플'은 있다.

돈으로 삶과 인생을 타산한다

'돈, 돈, 돈!'

요즘 젊은이들의 주된 관심은 돈과 관련된 것들이다. 주식 · 아파트 · 코인 등이다. 일상생활에서의 대화, 드라마나 매스컴 그리고 각종 통계자료가 보여 주는 젊은이들의 최애(最愛) 가치는 돈이다. 젊은이들에게 돈은 곧 편함과 직결돼 있다. 돈이 있으면 뭐든지 할 수 있고 편하게 살 수 있기 때문이다. 한 번 사는 인생에서 해 보고 싶은 것 다 해 보기 위해서는 돈이 없으면 안 된다고 생각하는 것이다. 젊은이들은 매사를 편함과 경제적 합리성에 근거해 삶을 추구한다. 호모 에코노미쿠스(homo economicus)의 전형적인 세대다.

젊은이들에게 돈은 곧 힘이자 능력이다. 그래서 결혼도, 출산도, 가족도 모든 걸 '돈'으로 따진다. 일상의 대인 관계 등 사소한 일까지도 계산하는 것이다. 자본주의의 발달과 경제 성장이 풍요를 가져다줬지만 웬만해서는 젊은이들을 만족시키지 못한다. 여기에서 역작용이 일어나는 것이다. 돈이 최고라는 생각이 뿌리를 틀면 돈 이외의 것들은 아무것도 아닌 게 된다. 얼마 전까지만 해도 도덕, 양심, 체면 등이 중요시됐다. 이젠 이런 것들은 별 의미가 없게 됐다. 모든 것들이 돈 위주로, 실리 위주로 바뀌었다.

혼자 사느냐 함께 사느냐

젊은이들에게 경제 개념이 매우 중요한 것은 맞다. 문제는 삶에서 아주 중요한 연애와 결혼, 그리고 출산 문제 등을 가성비(價性比)로 추구한다는 점이다. 한마디로 손해 볼 일은 안 한다. 결혼하는 것이 혼자 사는 것보다 손해를 본다면 하지 않는다. 물론 그렇지 않은 사람도 많지만 그런 경향이 농후하다. 그런데 돈만 있으면 다 되는가? 부자들이 많이 사는 서울 강남에서 정신건강의학병원을 운영하는 김정일 전문의는 "돈만 좇다 인생을 망친 사람들이 많다."고 했다. 돈이 아닌 관계에서 행복을 찾아야 한다는 것이다. 이 세상엔 돈이 없어도 되는 것들도 많다.

손익을 계산하는 것은 2030 젊은이들의 삶의 가치관이 크게 달라졌기 때문이다. 미국 여론 조사 기관인 퓨리서치센터가 2021년 11월 '삶을 의미 있게 만드는 것'에 대해 조사했다. 그 결과 17개 경제 선진국 가운데 우리나라만이 '물질적 풍요(material well-being)'를 1순위로 꼽았다. 대부분의 나라는 '가족'을 1순위로 내세웠다. 우리나라에선 가족은 3위였고 2위는 건강이었다.

실제 젊은이들 사이엔 '돈이 없으면 결혼하기 힘든 사회'라는 인식이 팽배하다. 나 하나도 건사하기 힘든데 무슨 결혼이냐는 것이다. 시장조사업체 트렌드모니터가 2023년에 실시한 조사에서 전체 응답자의 10명 중 9명이 그렇다고 응답했다. 오히려 결혼하지 않고도 혼자 충분히 잘 살 수 있다(79.8%), 혼자서도 잘 사는 사람들이 멋있어 보인다(50.9%)는 등 비혼의 삶을 긍정적으로는 보는 사람들이 더 많다. 결혼을 못 하는 게 아니라 안 한다는 것이다. 통계청 조사에서도 젊은이들이 결혼을 하지 않는 이유에 대해 28.7%가 돈이 없어서라고 응답했다. 14.7%는 일자리 불안정을 들었다.

'삶, 삶, 삶!'

삶과 돈, 돈과 삶. 돈이 중요한가, 삶이 중요한가? 돈이 있으면 좋겠지만 많은 돈이 없어도 살 수 있는 삶은 없는가. 돈이 전부는 아니잖은가. 인생은 사는(buy) 것이 아니라 사는(live) 것이다. 실제 돈이 없어 결혼을 하지 못하는 경우도 많을 터다. 하지만 결혼하지 않는 이유로 너무 돈만을 앞세우는 데엔 씁쓸한 생각이 든다.

돈이 중요한가, 인생이 중요한가? 많은 젊은이들은 돈을 버는 '재테크'는 잘하지만 인생을 잘 사는 '인(人)테크'는 하지 않는다. 85년의 연구 전통이 있는 하버드 의대 성인 발달 연구소는 2023년 "돈보다는 좋은 인간관계가 사람을 더 건강하고 행복하게 해 준다."고 밝혔다. 사람과 함께하고, 함께 사는 게 좋다는 말이다. 정호승 시인은 "돈을 따르지 말고 꽃을 따르라(시 「꽃을 따르라」)"고 했다. 캐럴 키드의 노래 「일곱 송이 수선화」를 들으며 돈과 삶, 그리고 혼자 사는 문제를 한번 생각해 보면 어떨는지.

일곱 송이 수선화(Seven Daffodils)

프랜 미슬리

나에겐 큰 저택이 없어요

조그마한 땅도 없어요

손 안에서 구겨질 달러 한 장 없어요

(Not even a paper dollar to crinkle in my hands)

하지만

나는 천 개의 언덕 위로 아침을 보여 주고

입 맞추며 일곱 송이 수선화를 드릴 수 있어요

난 예쁜 것들을 살 수 있는 재산이 없어요

하지만

당신에게 목걸이와 반지를

달빛으로 엮어 줄 수 있어요

나는 천 개의 언덕 위로 아침을 보여 주고

입 맞추며 일곱 송이 수선화를 드릴 수 있어요(…)

결혼 안 하는 이유가 100가지 넘는다

이유는 꼬리가 길다.

이유 없는 이유도 없다. 이유는 또 다른 이유를 낳고, 이유는 핑계를 낳고, 이유는 탓을 낳는다. 탓은 부모 탓을 시작으로 조상 탓, 나라 탓, 세상 탓으로까지 이어진다. 이유가 탓으로 끝나고, 탓이 세상 탓이 되면 일은 어떻게 되나? 대체로 무슨 일을 안 하려고 하는 것엔 이유가 많다. 결혼을 하지 않은 이유는 100가지가 넘지만 결혼하는 이유는 단 한 가지라고 한다. 나는 이 말을 들으면서 옛 그리스 시인 아르킬로코스가 "여우는 많은 재주가 있지만 고슴도치는 한 가지 재주밖에 없다."라고 한 말이 떠올랐다.

혼자 사는 젊은이들이 결혼하지 않으려고 대는 핑계와 이유가 너무 많다. 모든 게 남 탓이다. 핑계·이유·탓이 뭉치면 되는 일이 없다. 돈이 없다, 집이 없다, 직장이 없다, 아이 키울 자신이 없다 등등…. 그래도 이 정도는 그러려니 하는 생각이 든다. 마땅히 내세울 만한 것이 없으면 두루뭉술하게 '그냥'이라고 얼버무리기도 한다. 개중에는 고개가 갸우뚱해지는 것들도 있다. 그러니 100가지가 넘는 이유가 나오는 것이리라.

언젠가 한 신문 기사를 보니 '내 인생을 망가뜨리지 않기 위해' 결혼을 안 한다는 연예인이 있었다. 또 "급격한 기후 변화로 세상이 언제 망할지 모른다."는 이유를 댄 여성도 있다. 이젠 저런 말이 나올 수 있을 정도로 세상이 달라졌음을 실감케 하는 대목이다. 어제의 상식이 오늘은 비상식이 된 것처럼 젊은이들의 가치관, 인생관, 사고방식이 이렇게 바뀐 것이다.

결혼에 관해 모녀간 생각이 얼마나 다른지를 보자. 신문에 실린 글이다.

"엄니가 뜬금없이 아무나 괜찮으니까 남자 데려오는 사람은 무조건 천만 원 준단다. 어버이날 선물로 뭣을 원하는지 문자 제발 저축이나 하라고 잔소리를 늘어놓았다. 그러더니 너는 남자 친구도 없느냐며 이런 제안을 한 것이다. 결혼을 염려하는 엄마의 전화를 받으면 나와 여동생은 약속이나 한 듯 이렇게 생각한다. 엄마는 결혼해서 행복하지도 않았으면서도 왜 그러지? 그럼 엄마는 이렇게 응수한다. '너넨 좋은 남자 만나면 되지, 니들 능력 없는 걸 왜 엄마 탓을 해.' 엄마는 결혼을 강권하기 위해 여러 사례를 든다. 홀로 사는 노인이 나오면 '저 봐라. 자식이 없으면 저렇게 쓸쓸하지. 아픈데 보호자가 없으면 어떡할 거야.'"(조선일보)

사람들은 이유 대기가 마땅찮으면 남 탓으로 돌린다. 사람들에게는 자기에게 일어난 일의 원인을 밖에서 찾는 경향(귀인歸因)이 있다.

몇 해 전에 미국의 한 여성이 형편이 좋지 않아 결혼하지 못하고 있다면서 이를 국가가 책임져야 한다는 기사를 본 적이 있다. 남 탓의 결정판이다. '못되면 조상 탓'이라고도 한다.

더 심각한 문제는 자신의 태어남 자체를 문제 삼는 것이다. 바로 '낳음을 당했다'는 사고방식이다. '내가 원한 적이 없는 인생이 부모한테서 주어졌다'는 말인데, 이를 '당했다'라고 표현하다니! 이는 부모를 한없이 원망하고 욕하는 불경한 표현이 아닐 수 없다. 헬렌 켈러는 생후 19개월에 뇌척수막염으로 시각을 잃었지만 태어남에 감사하며 모든 역경을 이겨 내고 결혼까지 했다. 양쪽 팔과 오른쪽 다리가 없이 태어난 호주의 닉 부이치치 목사는 어떤가. 온갖 어려움을 극복하고 활발할 활동을 하면서 2012년에 결혼까지 해 2남 2녀를 두었다. 이렇게 장애가 심한 이들도 부모를 탓하지는 않았다.

혼자 사는 게 남 탓이 많다고 생각되면 이에 대해 성찰해야 한다. 이와 관련된 고사성어가 '반구저기(反求諸己)'다. '어떤 일이 잘못됐을 때 그 원인을 자기 자신에게서 찾아 고쳐 나간다'는 뜻이다. '하고자 하는 사람은 방법을 찾고, 하기 싫은 사람은 핑계를 찾는다'는 인도 속담이 있다. 결혼하지 않는 이유가 왜 이렇게 많은지 나는 이해가 안 된다. '잘되면 내 탓, 못되면 조상 탓'이라는 말도 이젠 '잘되면 조상 탓, 못되면 내 탓'으로 바꿔야 하지 않을까.

혼살이는 자연의 섭리를 거스르는 것

"마지막 남은 나무가 사라진 뒤에야 / 마지막 남은 강이 더럽혀진 뒤에야 / 마지막 남은 물고기가 잡힌 뒤에야 / 그대들은 깨닫게 되리라 / 돈으로 먹고살 수 없다는 것을."

일찍이 북미 대륙 최북단에 살던 인디언 '크리그족' 추장은 자연을 거스르면 준엄한 후과가 온다고 경고했다. 경쟁과 소유욕으로 자연을 파괴하면 자연이 사라진다는 것이다.

이 혜안이 적중한 듯 자연 재앙이 지구촌을 덮치고 있다. 캐나다와 미국에서는 한반도 면적보다 넓은 면적을 태워 버린 극한 산불이 하와이 마우이섬까지 초토화했다. 극한 폭우와 극한 폭염이 인간을 녹다운시켰다. 자연을 무모하게 지배하려는 인간에 자연이 복수라도 한 것 같다. 기온이 51도까지 올라간 2023년 이란에서는 이틀간을 공휴일로 정해 나라 전체가 피서했다. 알프스에선 만년설이 녹아 호수가 만들어졌다. 남북극의 빙하는 허망하게 녹아 없어진다. 이런 기상이변은 자연을 거슬러 이산화탄소를 엄청나게 배출해 온 인간에게 지구가 보내는 뼈아픈 경고다.

자연이란 사람의 힘이 더해지지 않는 것이다. 모든 것이 스스로 조화를 이룬다. 인디언들은 이런 자연을 존중하며 살아왔다. 그들은 '땅(자연)은 조상으로부터 물려받은 것이 아니라 후손으로부터 빌린 것'이라고 생각한다. 자연의 순환으로 보는 것이다. 그들의 삶에는 자연을 존중하는 웅숭깊은 정신과 지혜가 깃들어 있다. 다른 인디언인 '타고다족'의 인사말인 '미타쿠예 오야신'은 '우리 모두는 연결되어 있다'는 뜻이라고 한다. 인간과 자연과의 관계도 그렇다. 사람과 사람과의 관계도 연결돼 있다는 것이다. 관계로 영위되는 인디언 마을에서는 혼자 사는 사람이 없다.

'하늘을 따르는 사람은 살고 거스르는 사람은 망한다(順天者 存 逆天者 亡)'. 케케묵은 이야기라고 할지 몰라도 『명심보감』에 나오는 이 말은 지금도 맞다. 인디언 추장의 직언보다 더 깊은 가르침이다. 여기서 '하늘'이란 '자연의 섭리'를 뜻한다. 젊은이들에게 주어진 자연의 섭리는 무엇인가? 성인이 되면 자연스럽게 '결혼해서 아이를 낳는 것'이다. 이런 점에서 결혼과 출산은 사람의 영역이 아니라 '자연의 영역'이다. 특수한 여건이나 상황을 제외하고 혼자 사는 것은 섭리에 어긋난다고 볼 수 있다.

자연의 섭리란 '보이지 않는 손'과 같아서 사람을 포함한 모든 동물들이 공존하며 살아갈 수 있는 '선순환(善循環)' 자연생태계를 만든다. "물고기가 있는 한 강은 마르지 않아야 한다 / 새가 지저귀는 한 숲은 사라지지 않아야 한다 / 생명이 있는 한 자연은 계속되어야 한다"라는 한국전력의 광고는 자연계 선순환의 지속을 강조한다.

'할 수 있고 해야 하는' 일을 인위적으로 하지 않으면 생태계가 무너진다. 이게 자연의 악순환이다. 자연을 거슬러 기후재앙을 맞듯이 자연의 순리를 거스르면 인구재앙을 맞는다.

많은 젊은이는 환경이 좋아지면 결혼하지 말라고 해도 결혼하고, 출산하지 말라 해도 출산한다고 말한다. 맞는 말이다. 하지만 환경이 여의치 않더라도 많은 사람들이 결혼하고 출산한다. 이렇게 해야 인간 생태계가 지속되기 때문이다. 힘들고 귀찮더라도 순리에 따라야 하는 이유다.

"당신의 발 앞에 언제나 길이 나타나기를! 당신의 등 뒤에서 바람이 불기를!"

유럽의 인디언으로 불리는 '켈트족의 기도문'은 자연에 순응하며 사는 사람들의 앞날을 축원해 준다. 나는 이 기도문을 빌려 혼자 사는 젊은이들을 위해 이렇게 간절히 소원하고 싶다. 부디 혼자 살지 말기를! 그리하여 '이생망(이번 생은 망했다)'이 아닌 '이생잘(이번 생은 잘 살았다)'하기를. 결혼해서 행복한 가정을 꾸리기를!

켈트족의 기도문

당신의 손에 언제나 할 일이 있기를
당신의 지갑에 언제나 한두 개의 동전이 남아 있기를

당신의 발 앞에 언제나 길이 나타나기를

바람은 언제나 당신의 등 뒤에서 불고
당신의 얼굴에는 해가 비치기를
당신의 길에 이따금 비가 내리더라도
곧 무지개가 뜨기를

불행은 덜 받게 하고 복 받는 것은 더 많이 받기를
적을 만드는 데는 느리고 친구를 만드는 데는 빠르기를
이웃은 당신을 존중하고 불행은 당신을 아는 체도 않기를

당신의 죽음을 악마가 알기 전에
이미 당신은 천국에 가 있기를

당신이 앞으로 겪을 가장 슬픈 날이
지금까지 가장 행복한 날보다 더 나은 날이 되기를

그리고 늘 신이 당신 곁에 있기를

갈등이 결혼 막고 '혼살이' 부추긴다

갈리고, 나뉘고, 꼬이고, 얽히고설키고, 엉키고, 뒤엉키고….

이리저리 쪼개진 오늘의 우리나라 갈등 현실이 이렇다. 영국 킹스 칼리지가 주요 28개국에서 이념, 세대 등 7개 항목을 대상으로 한 '갈등' 조사에서 우리나라가 부끄러운 1등을 했다. 더 문제가 되는 것은 갈등이 젊은이들의 삶에까지 부정적인 영향을 미치고 있다는 점이다. 결혼에 좋지 않은 생각을 갖도록 해서 많은 젊은이들을 혼자 살게 만들고 있는 것이다.

조선일보가 2023년 실시한 신년 여론조사에서도 비슷한 흐름의 결과가 나왔다. '정치 성향이 다른 사람과 결혼하는 것을 어떻게 생각하느냐?'는 물음에 불편하다는 응답이 무려 44%나 됐다. 20대에서는 49%까지 나왔다. 3명 중 1명은 정치 성향이 다르면 같이 밥 먹는 것도 꺼린다고 응답했다. 지지하는 정당이 다르면 결혼은 물론 연애도 싫다고 했다. 정치 성향이 다르면 안 만나겠다고까지 한다. 갈등이 젊은이들에게 심각한 악영향을 미치고 있는 것이다.

이것만이 아니다. 결혼해 아이를 두고 있는 사람들에게까지 엉뚱한 악감정을 표출하기도 한다. "누가 애 낳으래? 왜 피해를 주고 그래. 이 XX야. 자신이 없으면 애를 낳지 마! 이 XX야. 어른은 피해를 봐도 되는 거야?" 2022년 8월 14일, 김포공항발 제주행 비행기 안에서 있었던 일이다. 갓난아이가 울자 40대 남성이 그 부모에게 폭언을 퍼부었다. 아이 아빠 얼굴에 침을 뱉기도 했다. 이날 부산에서 출발해 서울로 향하던 KTX에서도 비슷한 일이 벌어졌다. 아이들이 좀 큰 소리로 장난치자 30대 남성이 유치원생으로 보이는 아이들과 엄마에게 "시끄러!"라고 고함쳤다. 이 남성은 "그만하라!"고 말리는 여성 승객에게 발길질까지 했다.

혼자 사는 사람들이 많아지면서 이들이 거대한 세력집단이 됐다. 여론 형성에 있어서도 막강하다. 혼자 사는 사람들 가운데는 '인플루언서'들이 많다. 책 발간 및 개인 유튜브나 방송 출연 또는 신문 기고 등을 통해 많은 영향을 행사한다. 생각이나 지향하는 것이 같은 사람끼리 모으고, 모이게 만든다.

이때 나타나는 게 확증편향(確證偏向, confirmation bias)이다. 원래 가지고 있는 생각이나 신념을 확인하려는 경향성이다. 원하는 정보만 선택적으로 모으거나 편향된 방법을 동원하는 것이다. 보고 싶은 것만 보고, 말하고 싶은 것만 말한다. 2023년 6월 14일자 미주 한국일보에는 이런 광고가 실렸다. "여성의 가장 강력한 힘은 아이를 낳지 않는 것입니다(The most powerful force of a woman is not giving birth)." 과격한 표현까지 동원해 여성들에게 출산하지 말라고 충동

질했다. "아이 낳으면 바보다."라고 말하는 사람도 있다. 아이 낳고 키우는 게 무슨 죄라도 되는가.

혼자 사는 인플루언서들은 혼살이를 부추긴다. 자신이 살아 보니 '편하고 좋다'며 다른 사람들이 호응하고 따라 주기를 유도한다. 자신만 혼자 살면 되는데 다른 사람에게까지 혼자 살라고 한다. 심한 경우 "결혼과 출산은 할 짓이 못 된다."고 부추긴다. 결혼은 지옥, 육아는 불행, 가족은 없는 게 낫다고도 한다. 내가 보기에 이런 혐오스런 표현은 갈라치기하는 이간계(離間計) 같다는 느낌도 든다.

'가족이 웬수'라는 극단적인 표현도 서슴지 않는다. "생태 측면에서 가장 해악한 종(種)이 인간종"이라며 결혼과 가족을 아주 부정적으로 보는 사람도 있다. '선한 영향'이 아니라 부정적인 영향만 끼친다. 유아를 담당하는 어느 교육기관에선 학부모가 선생님한테 "우리 아이를 잘 교육해야 하니 졸업할 때까지 결혼하지 마세요."라고 강권하는 사례도 있었다. 반면 결혼 생활의 화목하고 예쁜 모습을 보여 주는 부부 유튜버나 커플 인플루언서들도 있다.

혼살이족들은 하나의 진영을 만들면서 세를 불려 나간다. 함살이하는 사람들과 맞서는 모양새다. 이것도 서로 갈리는 양극화 현상이다. 결혼과 출산에 부정적인 사람에게는 갈등과 진영 논리가 더없이 좋은 핑곗거리가 됐다. 더 큰 문제는 혼자 사는 것이 하나의 '시대정신(Zeitgeist)'처럼 된 것이다.

젊은이들은 세대 간 갈등에도 민감하다. 세대 간 갈등은 어느 세대나 마찬가지겠지만 자기들 세대가 고생을 더 많이 한 것처럼 느낀다. 통일과나눔재단이 2030 청년들에게 "시대를 가장 잘못 타고난 불운한 세대가 누구냐?"고 물었다. 67%가 자기들 세대라고 했다. 반대로 잘 타고난 세대는 50~60대의 부모 세대라고 응답했다. 그러나 내가 보기에 지금의 젊은이들은 훨씬 좋은 환경에서 산다.

SNS의 '허세 문화'도 혼살이를 부추기는 측면이 많다. 2023년 6월에 고액 연봉을 받는 수학 일타강사가 저출산의 한 원인으로 '허세 인스타그램'을 지적한 것이 많은 공감을 얻는다. "그때는 못살았는데 아이는 많이 낳았다. 지금은 잘사는데 아기는 왜 안 낳을까. 이런 허세가 남들이 나보다 형편이 좋은 것으로 착각하게 만든다."는 것이다. 이는 결혼에도 부정적인 영향을 미친다.

하나가 됐으면 하는 것(국론)은 둘로 쪼개지고, 둘(함살이)이 됐으면 하는 것은 하나(혼살이)가 되고 있는 현실이 안타깝기만 하다. 이런 갈등을 해소할 '솔로몬의 지혜'가 나오기는 할까.

덴마크 국립미술관 소장, 1617년

페테르 루벤스, 「솔로몬의 재판」

솔로몬 왕이 왼손으로 부하를 가리키며 아이의 진짜 엄마를 알아내기
위해 칼로 아기를 반으로 잘라 나눠 가지게 하라고 명령하는
순간을 그렸다. 친모인 노란 옷을 입은 여자가 아이를 반으로
잘라서라도 갖겠다고 하는 여인에게 아이를 주라고 하고 있다.

반려동물이 아이 자리 차지하다

"누구랑 삽니까?"

요즘은 아무에게나 이렇게 묻는 게 실례가 되는 세상이다. 좋아하는 반려동물과 함께 사는 사람들이 많기 때문이다. 혼자 사는 사람이 급증하면서 반려동물도 매년 빠르게 증가한다. 2023년 현재 1,500만 마리가 넘는다. 3가구 중 1가구가 키우는 꼴이다.

요즘 반려동물은 사람 이상의 대우를 받으며 산다. 여유 있는 사람들의 경우지만 반려동물용으로 수백만 원이나 하는 침대와 가방을 산다고 한다. 같이 옷을 맞춰 입는 '개플룩'까지 있다. 일부 기업에서는 반려동물을 키우는 직원들에게 반려동물 수당을 지급한다. 반려동물이 숨지면 장례 휴가까지 준다. 죽으면 49재를 지내 주고 위패를 두는 전용법당도 생겼다. 동반 출근을 허용하는 기업도 있다. 반려동물과 시간을 보내기 위해 많은 비용을 지불하는 반려인도 있다. 언젠가 신문을 보니 혼자 사는 30대 직장인이 반려동물과 여름휴가를 다녀왔는데, 이코노미석에 비해 5배가량 비싼 비즈니스석을 이용했다고 한다. 개 팔자가 최상팔자다.

반려동물이 사람에게 주는 정서적이고 긍정적인 효과는 대단하다. 여러 연구 결과, 반려동물과 눈 맞춤만 해도 행복도가 높아진다고 한다. 접촉하는 것만으로도 우울과 불안이 감소한다는 것이다. 어느 때건 충성스럽기에 서로 위로가 되고 의지가 되기 때문이다. 사람에게 거부감을 갖고 사는 사람들에겐 반려동물이 딱이다.

요즘 반려견을 키우는 사람들의 이야기를 들어 보면 병원비가 보통이 아니다. 내가 거주하는 아파트에 사는 아주머니한테서 반려견이 암에 걸려 수술하느라 600만 원이 들었다는 이야기를 들었다. 2022년 경기도 지하주차장에서 진입하던 승용차에 친 대형견 골든 리트리버는 치료비가 무려 4,000만 원이었다고 한다.

결혼하지 않고 혼자 사는 사람들에겐 반려동물이 곧 아이다. 유모차에 반려견을 태우고 다닌다. 아이보다 귀한 보살핌을 받는다. 2023년 4월 이탈리아에선 프란치스코 교황에게 반려동물을 축복해 달라고 하다 꾸지람을 들었다. 사연은 이렇다. 한 여성이 가방을 열며 "내 아기를 축복해 주세요."라고 했다. 이에 교황은 "많은 어린이들이 굶주리고 있는데 어찌 개를 데려왔습니까?"라며 나무랐다. 교황은 "요즘 사람들이 아이를 갖지 않거나 한 명만 갖기를 원하면서도 반려동물은 두 마리씩 키운다."고 꼬집기도 했다.

아이 키우기가 힘들다고 낳지 않는 사람들이 많다. 힘들기는 반려동물을 키우는 것도 이에 못지않다. 눈이 오나 비가 오나 대소변 때문에 시간 맞춰 산책시켜야 한다. 아프면 병원에 데리고 가야지, 씻겨 줘야지, 손이 많이 간다. 나는 젊은이들이 힘들다며 아이는 안 키우면서 반려동물을 키우는 이 대목이 잘 이해되지 않는다. 그만한 정성과 비용이라면 아이도 너끈히 키울 수 있는 것 아닌가.

반려동물이 사람에게 더없이 좋은 반려임에는 틀림없다. 하지만 사람이 아니라는 결정적인 약점이 있다. 노후에 병으로 몸이 불편해지면 정서적인 면 이외엔 별 도움이 되지 못한다. 이때 정작 도움이 필요한 것은 사람 손이다. 반려동물의 수명은 길어야 20년이어서 늙고 병들면 오히려 거추장스러울 수도 있다. 이렇게 되면 사람이 반려동물을 일일이 간병해야 한다.

그렇다면 사람이 반려가 된다면 얼마나 좋을까. 결혼하고 출산해 아이를 키우는 건 어떤가. 아이를 낳아 기르는 기쁨과 보람이 반려동물에 비할 수 있을까. 이 세상에서 가장 아름다운 모습은 엄마가 아이에게 젖을 먹이고 있는 모습이라고 한다. 아이도 낳고 키우며 반려동물을 함께 키운다면 더 좋지 않을까. 태어나는 아이는 갈수록 줄어드는 데 반해 반려견이 해마다 늘어 개모차가 유모차보다 더 많이 팔리는 현실이 안타깝다. 이젠 '뭣이 더 중한지'를 알아야 한다. 반려동물보다 아이가 먼저인 세상이 되면 좋겠다.

소장 불명, 1877년

브리턴 리비에르, 「공감」

소녀와 교감하는 반려견의 다정다감한 모습의 표정과
몸짓이 잘 그려져 있다. 모델 소녀는 화가의 딸이다.

모든 걸 지연(遲延)시키는 사회 만들었다

인생은 때다.

'타이밍'이라는 말도 있다. 때가 왔을 때는 놓치지 않고 잡아야 한다. 결혼도 적당한 때에 해야 한다. 출산도 젊을 때 해야 좋다. 모든 일에는 때가 중요하다. 늦어지면 문제가 커진다. 결혼이 늦어지면 난임 가능성이 많다. 노산으로 기형아가 태어날 수도 있다. 때를 놓치거나 벗어나면 할 일들이 전반적으로 늦어진다. 혼자 사는 사람들이 많아지면서 가뜩이나 지연되고 있는 우리 사회를 더욱 지체시킨다. '나이는 숫자에 불과하다'는 말이 있지만 결혼과 출산에는 맞지 않는 말이다.

우리나라 젊은이들의 사회 진출은 다른 나라에 비해 늦은 편이다. 남자들이 병역 의무를 마쳐야 하기 때문이다. 안정적이고 좋은 직장에 가기 위한 시험 준비로 대학 졸업을 늦추는 경향도 있다. 여기에 몇 번의 취업 기회 탐색을 거치면 대체로 20대 후반에야 사회 진출이 가능하다. 요즘처럼 취업이 어려우면 30대에 접어들기도 한다. 여자들도 취업난으로 직장 생활 시작이 늦춰지고 있다.

인생에서 가장 중요하다는 결혼만 해도 그렇다. 집 마련 등 모든 걸 완벽하게 갖추고 결혼하려니 새 가정 꾸리기가 더 늦어진다. 1990년대엔 서른 살을 넘으면 '노총각·노처녀' 딱지가 붙었다. 이제는 결혼을 안 한 30대가 수두룩하다. 소수가 아닌 주류가 됐다. 2020년 통계청 인구총조사에 따르면 30대 남성 중 절반(50.4%)이, 30대 여성 셋 중 하나(32.7%)가 미혼이다. 결혼이 늦어져 이런 결과를 낳은 것이다.

초혼 연령도 1990년 남자 27.8세, 여자 24.8세에서 2023년엔 남자는 34.0세, 여자는 31.5세까지 높아졌다. 남녀 모두 서른 지나서 결혼하는 늦은 결혼이 보편화됐다. 일본의 30.4세에 비해 3년 이상 높다. 25~26세인 미국과는 비교가 되지 않는다. OECD의 「2022 한국 경제 보고서」는 "한국 여성들이 일과 가정 사이에서 냉혹한 선택에 직면해 출산 등을 미루고 있다."고 분석했다. 초혼 연령의 상승은 세계적인 추세지만 우리나라가 유독 더하다.

이런 지체 현상은 선진국형의 '성인이행기(emerging adulthood)'가 우리나라에도 나타나고 있음을 말해 준다. 성인이행기란 청소년기에서 성인기로 급격히 전환하는 게 아니라 안정적 독립을 위해 탐색하는 중간 시기를 뜻한다. 한국청소년정책연구원의 조사 결과 청년들이 '자주 또는 항상 성인이 됐다고 느낀다'고 답하는 나이는 평균 28세였다. 민법상 성인 나이 19세보다 9살이나 많다.

요즘 난자와 정자를 냉동시키는 젊은이들이 많아졌다. 당장 결혼이나 출산 계획은 없지만 나이가 더 들면 임신하는 게 힘들어질까 봐 대비하는 것이다. 미혼 여성들 사이엔 건강한 난자 15개 정도를 모아 두는 것을 목표로 준비하는 경향이 많다고 한다. 많은 유명 여성들이 공개적으로 난자 냉동을 해 두고 있음을 밝혀 화제가 됐다. 어떤 가수는 자신의 시술 과정을 유튜브에 공개하기도 했다.

남자들도 마찬가지다. 몇몇 유명 연예인은 방송에 출연해 정자 냉동 사실을 밝히거나 냉동할 계획이라고 밝혔다. 지연사회가 보여 주는 후손 대비책들이다. 이제 이런 건 흉도 아니게 됐다. 다만 예전엔 볼 수 없는 것들이어서 무척 생경스럽게 느껴진다.

늦어지는 것이 꼭 좋지 않은 것만은 아니다. 기대수명이 길어졌기 때문이다. 좀 늦게라도 결혼할 수 있고 재혼도 할 수 있다. 필요한 사람들끼리 만나 함께 여생을 사는 길도 있다. 예전보다 좀 늦게 할 아버지나 할머니가 되기도 하지만 이는 흠이 아니다.

그렇더라도 결혼과 임신은 젊을 때 해야 한다. 한 살이라도 더 먹기 전에 하는 것이 그만큼 버는 것이다. 늦으면 늦어질수록 손해다. 그 자체로 잃은 게 너무 많다. 그런 만큼 혼자 사는 사람들은 '혼살이'와 하루라도 더 빨리 헤어져야 한다.

혼자 사느냐 함께 사느냐

"엄마", "아빠" 소리 못 듣는다

"엄마!" "아빠!"

사람은 태어나면서부터 '엄마'와 '아빠'를 늘 부르며 자란다. 자녀가 부모를 부르는 정겨운 호칭이다. 그런데 정작 자신이 그 호칭을 들을 수 없다면 어떻게 될까? 혼자 살면 그렇게 된다. 결혼하지 않거나 아이를 낳지 않으면 평생 이런 말을 들을 수 없다. 입양을 하거나 다른 방법을 통해 자녀를 두면 되기는 한다. 하지만 자신의 핏줄로부터는 이런 말을 영영 듣지 못한다. '엄마'나 '아빠' 소리를 듣지 못하고 세상을 뜰지도 모른다. 아이가 없으면 소중한 '내 새끼'인 아들이나 딸의 이름조차 불러 보지 못한다. 이 또한 얼마나 억울한 일인가!

부모들이 아이를 한 명만 낳게 되면 형·언니·누나·오빠라는 호칭을 들을 수 없게 된다. 그 흔하게 부르는 이모도 없다. 삼촌이나 작은아버지, 큰아버지란 호칭도 점차 사라진다. 조카도 없게 된다.

독일의 인구통계학자 니콜라스 에버슈타트는 "서유럽에서 향후 두 세대 동안 5분의 3이 친족, 즉 형제나 사촌이 없어질 것"이라고 예상했다. 자녀가 자녀를 낳지 않으면 할아버지나 할머니 소리도 들지 못한다.

  이런 호칭들은 그냥 불리는 게 아니다. 자연이 준 소중한 후손 번식의 섭리에 의해 친족 관계가 형성되면서 나오는 것이다. 이는 자손을 낳음으로써 연결 고리가 이어져 생태계가 유지될 때만 가능한 일이다. 결혼하지 않고 자녀를 낳지 않으면 시집이나 친정이라는 개념조차도 없게 된다.

  "어메… 어메…."
  2007년 5월 17일 오후 대구 가톨릭대학병원, 아동문학가 권정생 님은 마지막 숨을 몰아쉬며 이런 소리를 냈다. 엄마를 찾는 것이었다. 그렇게 2~3분간 뒤척이다가 『몽실언니』의 작가는 70세를 일기로 그의 어머니가 가 있는 하늘나라로 떠났다. 이같이 숨을 거두면서도 마지막으로 '엄마'를 찾는 게 자식이 아니던가. 엄마란 호칭에는 뭔가 특별한 것이 있다. 아빠도 마찬가지다. 아이가 없으면 "아빠하고 나하고 놀던 꽃밭에…"에 나오는 그 "아빠" 소리를 못 듣게 된다.

  결혼한 딸들에겐 '친정엄마'라는 말처럼 살갑게 다가오는 말도 없다. 그냥, 마냥 좋은 호칭이 '엄마'다. 시인인 이해인 수녀는 "'엄마'라고 쓴 낙서만 보아도 그냥 좋다."고 했다. 소설가 김주영 님은 "철부지 시절부터 지금에 이르기까지 내 생애에서 가슴속 깊은 곳에서 우러나오는, 진정 부끄럼을 두지 않던 말은 오직 엄마 그 한마디뿐"이라고 말했다. 그런데 이 '엄마' 소리를 들을 수 없다면…. 그래서 자신이 반려동물을 키우고 그들의 엄마나 아빠가 되는 것이리라.

"아가 우리 콩아! 무지개다리 조심해서 건넜니? 엄마 말대로 너무 너무 아름다운 곳이지? 비록 늦은 인연이 되어 만났지만 엄마 딸이 되어 줘서 고마웠어. 다음 생에는 더 오래오래 함께하자. 우리 딸, 말로는 다 표현이 안 될 정도로 너무 사랑하고 영원히 잊지 않을게. 고마워. 우리 애기, 내 사랑 콩아."

이는 어느 여배우가 2023년 5월 반려견이 병사하자 인터넷에 올린 이별기다.

"톰아! 아빠는 너를 사랑했어. 너를 향한 애정은 진심이었어. 이것만은 믿어 줘."

사고로 숨진 반려묘에 대한 이런 애도기도 인터넷에 올라왔다. 혼자 사는 젊은이들은 엄마나 아빠 소리를 들을 수 없기에 반려동물의 아빠나 엄마가 되는 것이다.

엄마와 아빠가 되는 것은 사람에게 주어진 최고의 특권이다. 인생을 살면서 거쳐야 할 여러 과정 가운데 가장 중요한 과정의 하나다. 그렇기에 결혼과 출산은 하지 않으면서 내심 자녀가 있으면 좋겠다고 생각하는 젊은이들이 적잖을 것 같다. 누구나 엄마와 아빠 소리도 듣고 싶을 것이다. 아이의 이름도 불러 보고 싶을 게다. 그런데 누군가의 엄마나 아빠가 됐을 때의 기쁨을 경험하지 못한다면 이 또한 얼마나 억울한 일인가!

'엄마'라는 말 한마디의 힘이 얼마나 큰지 이해인 수녀의 「엄마」라는 시에서 생생히 느낄 것이다. 이 수녀는 "'엄마!' 하고 부르는 소리만 들어도 그냥 좋다"라고 했다. 페르디난드 발트뮐러의 그림에서는 세 자녀와 사랑을 교감하는 엄마의 뿌듯함과 인자함이 느껴진다.

엄마

이해인

누가 종이에

'엄마'라고 쓴 낙서만 보아도

그냥 좋다

내 엄마가 생각난다

누가 큰 소리로

'엄마!' 하고 부르는 소리만 들어도

그냥 좋다

그의 엄마가 내 엄마 같다

엄마 없는 세상은

생각만 해도 눈물이 앞을 가린다

몸이 아프고 마음이 아플 때

제일 먼저 불러 보는 엄마

엄마를 부르면 일단 살 것 같다

엄마는 병을 고치시는 의사

어디서나 미움도 사랑으로

바꾸어 놓는 요술 천사

자꾸자꾸 그리워해도 그리움이 남아 있는

나의 우리의 영원한 애인 엄마

페르디난드 발트뮐러, 「엄마의 기쁨」

그림 설명이 필요하지 않을 정도로 엄마와 세 아이의

웃음과 표정에서 행복함이 물씬 풍긴다.

누구나 언젠가 늙고 죽는다

"늙어 봤냐?"

늙은이가 대드는 젊은이를 향해 소리친다. 그리고 곧바로 외친다. "나는 젊어 봤다!" '늙어 봤냐'는 이 말, 젊은이들에게 시사하는 게 많다. 젊은이들은 대꾸를 잘 못할 것이다. 경험하지 않았기 때문이다. 이를 두고 논쟁이 벌어진다면 '서울 안 가 본 사람이 가 본 사람을 이기려 한다'는 속담처럼 될 터다. 젊은이들은 자신들이 영원히 젊을 것이라고 생각한다. 그러나 이는 대단한 착각이다. 조선 중기의 문신 신계영이 지은 「탄로가(嘆老歌)」처럼 늙음을 비웃으면 안 된다.

'된다 → 됐다 → (앞으로) 될 것이다….'

사람의 일생은 이렇게 진행된다. 내가 살아온 지난날도 이런 과정을 거쳤다. 남편이 됐고, 아버지가 됐다. 부모가 되어 자녀 셋을 낳았다. 10여 년 전에 할아버지가 됐다. 그렇게 늙어 갔다. 그렇다면 앞으로 나한테 '된다'는 것으로 무엇이 남아 있을까?

이 글을 쓰는 시각이 새벽 네 시 반. 밖을 내다보니 아파트 계단엔 비상등만 켜져 있어 을씨년스럽다. 차들만 아주 이따금씩 오간다. 지금 밖에서는 어떤 일들이 일어나고 있을까? 새벽잠을 설치고 일어나 가족의 아침 식사 준비와 일터에 나갈 준비를 서두르는 어머니가 있겠다. 야근이 어서 끝나기를 기다리며 귀가할 준비를 하는 아버지가 있을 것이다. 교대를 위해 이른 새벽에 직장에 나가는 사람도 있을 터다. 첫울음을 터뜨리며 축하 속에 태어나는 아기가 있는가 하면 가족이 없어 홀로 쓸쓸히 이 세상을 떠나는 사람도 있을 것이다. 아니면 혼자 살며 엄습해 오는 외로움과 불안감으로 이 시각까지 잠 못 들고 뒤척이는 사람도 있을 것이다.

젊은 사람들한테는 '될 것이다'와 '된다'가 많이 남아 있다. 계속해서 혼자 살면 혼자인 그 상태로 머문다. 그러질 않고 결혼하면 남편이나 아내가 될 터다. 아이를 낳으면 아버지나 어머니가 될 것이다. 그래서 부모가 되고, 세월이 더 흐르면 할아버지와 할머니가 된다. 나는 내가 젊었을 때 언젠가는 누구의 남편이 될 것이라고 자연스럽게 생각했다. 결혼하면 당연히 그렇게 되는 것이라고 여겼다. 문제는 혼자 사는 사람들이다. 바로 '남편이나 아내가 된다'는 그 중요한 단계 바로 앞에서 멈추기 때문이다.

요즘 젊은이들은 '된다'는 것에 적잖은 부담을 느끼는 것 같다. 그래서인지 결혼하지 않겠다, 아이를 낳지 않겠다는 사람들이 많다. 물론 '된다'는 것이 많은 책임을 안겨 주는 것은 맞다. 그럼에도 나는 젊은 사람들한테 '된다'는 생각을 갖고 인생을 살라고 권면하고 싶다. 혼자는 살지 말라는 것이다. 아무 생각 없이 사는 것보다는 '된다'는 생각, '되어야 한다'는 생각을 가지고 살면 인생이 달라진다. 그래서 결혼해 아이를 낳으라고 하는 것이다. 이는 나의 경험치에서 나온 조언이다.

'~된다'는 것은 나이 들어 늙어 간다는 말이다. 청년이 중장년이 되고 그다음 노인네가 된다. 살면서 찍어 온 사진들이 이를 실감나게 증명해 준다. 마지막은 죽음이다. 죽으면 모든 게 끝난다. 그래서 "끝이 좋으면 다 좋다(All's well that ends well)."는 셰익스피어의 말이 이 새벽에 더욱 다가왔다.

삶의 끝에선 얼마나 많은 재산을 가졌는지는 아무 소용이 없다. 얼마나 높은 자리까지 올라왔는지도 아무 의미가 없다. 얼마나 많이 배웠는지도 문제가 되지 않는다. 아무리 재산이 많아도 가져갈 수가 없다. 어떻게 살았는지, 혼자 살았는지, 함께 살았는지가 고스란히 드러난다. 그래서 혼자 사는 사람들은 인생의 끝자락과 죽음이 왔을 때를 상상해 봐야 한다. 함석헌 선생의 시를 빌려 이렇게 물어보면 어떻게 대답할까?

"온 세상이 다 나를 버려도, 마지막 가는 길에 '그동안 함께해 줘서 고맙다'고 말할 그 사람을 그대는 가졌는가?"

에두아르 마네, 「늙은 음악가」

길거리에서 바이올린 연주로 생계를 꾸려 가는 집시 밴드의 늙은

연주자를 주 모델로 한 그림이다. 실제 인물을 그린 집단인물화다.

피카소가 「집시의 가족」을 그릴 때 이 그림을 참조했다고 한다.

6막 인생이 2막으로 끝난다

"이 세상은 연극 무대 / 모든 남녀는 단지 배우일 뿐, / 그들은 무대에 등장하고 퇴장하지요 / 사람은 생전에 여러 역을 맡는데 / 나이에 따라 일곱 개의 역할을 하지요."

셰익스피어는 인생을 7막(幕)으로 된 연극에 비유했다. 「당신의 뜻대로(As you like it)」라는 희극에서다. 인생의 여정을 보면 한 편의 연극이다. 우리는 연극의 주인공이다. 무대는 이 세상이다. 그렇다면 인생을 어떻게 살아가느냐가 중요하다. 철학자 에픽테토스 역시 "인생은 영화롭든 비참하든 언젠가는 끝나는 연극"이라고 했다.

셰익스피어는 태어나서 죽을 때까지를 유아기·아동기 학창 시절·청년 시절·군인·법관·노인·죽음 앞둔 노인 등 일곱 단계로 나눴다. 나는 100세 시대를 맞아 다르게 구분하고 싶다. ① 출생 이후의 성장기 ② 성년 이후의 독립기 ③ 결혼 ④ 자녀 출생 ⑤ 자녀의 자녀 출생 ⑥ 자녀의 자녀의 자녀 출생 등 6막이다.

이렇게 나눈 것은 매 단계가 삶의 의미 있는 변곡점이기 때문이다. 모든 사람은 태어나면 ①막과 ②막을 거친다. 결혼하지 않고 혼자 사는 사람은 ②막으로 생을 마감한다. ③막은 예전에 필수였으나 요즘은 선택의 과정처럼 된 결혼이다. 나와 같은 사람은 ③막 이후의 과정을 아주 당연한 것처럼 받아들이며 현재 ⑤막까지 와 있고 ⑥막까지 갈 수도 있다.

결혼으로 시작되는 ③막은 인생에서 가장 중요한 과정이다. 셰익스피어가 활동하던 당시엔 거의 모든 사람이 결혼을 했기에 노화 과정과 경력만을 감안해 인생을 7단계로 나눴을 것이다. 하지만 혼자 사는 사람이 많은 현재의 시점에서는 이 ③막부터가 문제다. ③막이란 혼자 살던 사람이 반려자와 함께하는 결혼 생활이 시작되기 때문에 인생에서 가장 중요한 변곡점이다.

③막에서 ④막으로 가는 과정도 만만치 않다. ④막은 결혼해 자녀를 낳는 과정이다. 요즘의 젊은이들은 이 또한 중요한 선택의 과정으로 본다. ④막에선 핏줄이 생기기 때문에 생활에도 훨씬 더 많은 변화가 뒤따른다. ⑤막은 자녀가 자녀를 낳아 손주를 두는 단계다. 여기까지 이뤄지면 대(代)가 끊기지 않아 인생의 후반전을 의미 있게 맞이하게 된다. 이 ③막과 ④막이야말로 현재 혼자 사는 젊은이들에게 주어진 중요한 과업이기도 하다. 이 두 과정이 인생의 최대 고비다. ⑤막이나 ⑥막까지 가면 인생의 퍼즐이 완전히 맞춰지는 것으로 볼 수 있다. 그래서 헤밍웨이는 "모든 사람의 인생은 제대로 쓰이기만 하면 하나의 소설감"이라고 했다.

인생은 몇 막까지 갈 수 있는가. 100세 시대인 지금은 ⑥막 넘어까지도 살 수 있다. 이런 연극이 중도에서 끝난다면 얼마나 억울한 일인가. 결혼하지 않으면 반쪽 인생을 사는 셈이다. 인생이란 넓고 큰 퍼즐에서 몇 조각만 맞추다 그만두는 것이나 다름없다. 아무리 '인생은 미완성'이라지만 인생을 ②막으로 끝낼 순 없잖은가? 알차야 할 인생 스토리가 자칫 '흑역사'가 될 수도 있다.

혼자 사는 사람의 연극은 ②막으로 끝나는 1인극에 비유할 수 있다. 감독도 자신이요, 주연도 자신이다. 관객도 자신 한 사람뿐이다. '요만큼 알면 요만큼 살다 간다'는 게 인생이다. 결혼해서 아이를 낳고, 그 아이가 아이를 낳는 ⑤막까지, 나아가 ⑥막에까지 가면 인생의 전 과정이 완벽하게 마무리된다.

모든 과정에서의 삶이 진하게 응축되면 완벽한 자신의 '역사 (history)'가 만들어진다. 인생사가 한 권의 책이 되어 나올 수 있다는 말이다. 알차고 보람된 내용들이면 좋을 것이다. 긴 인생 여정에는 힘들고 어려운 일도 있기 마련이다. 그래서 '아픔도 스토리가 되게' 해야 한다(Vexatio storia fiat, 책 『한동일의 라틴어 인생수업』). 스코틀랜드의 컨트리 뮤직 가수인 이슬라 그란트는 자신에게 주어진 인생 배역을 잘 연기한다면 "인생 이야기 책 표지에서 자신의 이름을 발견하게 될 것"이라고 노래했다.

혼자 사느냐 함께 사느냐

인생 이야기 책 표지(Life's story book cover)

이슬라 그란트(작곡)

이 세상은 한 편의 무대랍니다

우리 모두는 하나의 배역을 맡아야 해요

세상에서 가장 위대한 연극에서

자신의 역할을 잘 해낼수록 많은 걸 얻고

그렇잖으면 그만큼 잃게 될 거란 것 알게 될 겁니다

왜냐면 인생은 지혜와 진실로 가득한 책이고

매일 한 쪽씩 넘겨지기 때문이지요

그러니 당신의 배역을 잘 연기한다면

인생 이야기 책 표지에서 당신의 이름을 발견할 겁니다

우리가 이 세상에서 빛을 비추며 살 기회는 한 번밖에 없어요

당신이 아는 바대로 인생은 리허설이 아니랍니다

그러니 당신의 마음에 충실히 연기하고 있는지 확인해 보세요

왜냐면 당신은 인생이란 상업방송의 하나의 제작물이니까요

감독님이 도움말을 주려고 거기 있으니

당신이 새겨 받아들이고 있는지 확인해 보세요

만약 당신이 길을 잃으면

이렇게 말하는 걸 두려워하지 마세요

"하나님 제가 길을 잃었어요, 길을 찾도록 도와주세요"

'나'에서 소중한 대(代)가 끊긴다

점·선·면….

점은 가장 작은 부호다. 눈에 잘 띄지도 않는다. 점은 하나만 있으면 아무것도 아니다. 모여야 한다. 점이 이어져야 비로소 선이 된다. 많은 점과 선이 모이면 면이 된다. 면이 쌓여 입체를 만든다. 우리가 사는 세상에서 한 사람은 곧 한 점이다. 사람이 이어져 선인 가족이 된다. 가족이 모여 면인 마을을, 마을이 모여 입체인 나라를 만든다. 현대 사회는 이렇게 복잡하게 얽혀 있다. 이런 구조 때문에 혼자 사는 사람이 많아지면 나라에 문제가 생기는 것이다.

혼자 사는 사람은 하나의 점에 지나지 않는다. 점이 선을 만들지 못하면 옆으로나 위아래로 연결되지 않는다. 이러면 아무 쓸모가 없다. 구슬도 꿰어야 보배다. 주변 환경이 혼자 사는 데 아무런 불편이 없을 정도로 잘돼 있지만 점에 머무르고 있으면 여러 가지 문제가 일어난다. 가장 큰 문제의 하나는 조상 대대로 면면히 이어 온 대(代)가 '나'에서 끊기고 만다는 것이다.

'아브라함이 이삭을 낳고, 이삭은 야곱을 낳고….' 성경 「마태복음」에는 '낳고'가 이어지는 예수의 긴 족보가 나온다. 이렇게 낳고 또 낳

혼자 사느냐 함께 사느냐

고를 해야 하는데 그렇지 않으면 끊김이 온다. 물론 대를 잇는 것이 뭐가 중요하냐는 사람도 있다. 그래야 하는 것도 아니다. 하지만 가장 소중한 후손을 남기지 못하고 세상을 뜨는 것은 참으로 안타까운 일이다.

자연 생태계에서 가장 중요한 것은 '지속성'이다. 끊기면 생태계가 위태로워진다. 인간 생태계도 마찬가지다. 대를 잇는 것은 아주 중요하다. 사람에게 대를 잇는다는 것은 그 이상의 의미가 있다. 미국 시인 월터 휘트만은 「나 자신의 노래(Song of Myself)」란 시에서 핏속의 '원자(atom)'를 찬양했다.

> 나는 자 자신을 찬양하고 노래한다
> 내가 그러하듯 당신도 그럴 것이다
> 내게 있는 모든 원자를 당신도 갖고 있을 테니까
> 나는 빈둥거리면서 내 영혼을 불러낸다
> 나는 기대어 편안하게 여름풀의 싹을 살펴본다
> 나의 혀, 내 핏속의 원자
> 그 모든 것이 이 흙과 공기에서 생겼나니
> 여기서 부모가 태어났고 부모도 마찬가지 또 부모도 그렇다
> 나 이제 37세, 더할 나위 없는 건강함으로 시작한다
> 죽을 때까지 그침 없기를 바라며

유전자의 가장 강력한 본능은 생존과 번식이다. 생명을 위협받는 악조건 속에서 보존하고 살아남으려는 본성이다. 일본의 분자고생물학자인 사라시나 이사오는 호모 사피엔스의 특징으로 환경에 대한 적응력과 다산(多産)을 꼽는다. 강해서 살아남은 게 아니라 살아남아서 강한 것이라는 게 그의 지론이다. 진화에 대해 흔히 뛰어난 것이 이기고 살아남는다고 생각하기 쉽지만 실제로는 그렇지 않다는 것이다. 사라시나 이사오는 "인류의 진화의 과정에서 마지막까지 살아남는 것은 자손을 많이 남기는 쪽"이라는 가설을 내놓았다(책 『절멸의 인류사』). 이스라엘 역사학자인 유발 하라리 교수가 공동체의 무리를 불려 나감으로써 호모 사피엔스가 살아남았다고 한 것과 일맥상통한다(2장에서 설명).

그렇다면 인간의 시원은 어디서부터인가. 미켈란젤로가 그 한 장면을 그렸다. 로마 시스티나 성당의 천장화인 「천지 창조」 안에 들어 있는 「아담 창조」다. 이 그림은 진화론이나 종교적인 관점을 떠나 시사하는 게 많다.

인간이 생존하기 위해서는 종족 번식이 필수적이다. 그래서 사람은 태어났으면 씨도 뿌리고 열매를 거둬야 한다. 소중한 대가 자신에서 끊긴다면 너무 억울한 것 아닌가. 이채 시인은 "한 번 왔다 가는 인생길, 씨앗이라도 여물고 가야지."라고 했다.

혼자 사느냐 함께 사느냐

한 번 왔다 가는 인생길

이채

아무렴
한 번 왔다 가는 인생길
그냥 갈 수는 없잖아

바람 같은 인생이라면
나뭇잎이라도 흔들고 가야지
강물 같은 인생이라면
이슬이라도 맺혔다 가야지

그래
다시는 되돌아갈 수 없는 길
흔적이라도 남기고 가야지

꽃 같은 인생이라면
씨앗이라도 여물고 가야지
나그네 같은 인생이라면
발자국이라도 남기고 가야지

아무렴

뒷모습은

뒷사람만이 볼 수 있는 게지

누가 인생을 무상이라 했더냐

혼자 사느냐 함께 사느냐

미켈란젤로, 「아담 창조」

인간의 탄생을 그린 세계 최초 최고의 명화.

하나님이 아담에게 생기의 숨을 코에 불어넣어 생명체를 만들었다는

성경 창세기 말씀을 닿을 듯 말 듯한 손가락으로 표현하고 있다.

소는 누가 키우나?

"소는 누가 키울 거야, 소는!"

10여 년 전 KBS의 「개그 콘서트」에서 나온 이 말이 한창 유행한 적이 있다. '두 분 토론'이라는 코너에서 한 개그맨이 유행시킨 대사다. 힘들고 하기 싫은 일은 누가 하느냐는 뜻이다. 요즘 젊은이들에겐 이 말이 우스갯소리로 들리겠지만 농촌에선 소를 키운다는 게 보통 일이 아니다.

요즘 직장에서 젊은이들은 회사 일에는 별 관심이 없다. 월급 받는 만큼만 일한다. 집에 갈 시간이 되면 상사의 눈치도 볼 것 없이 칼퇴근한다. 법의 규정도 있어 그러겠지만 철저하게 '워라밸'로 산다. 이는 평생직장이란 의미가 없어지고 노동시장이 유연화하면서 나온 결과이긴 하다. 예전의 직장 분위기와는 사뭇 다르다. 그때는 일을 마치지 못하면 늦게까지 남아 잔일을 처리했다. 지금은 그게 아니다. 직장이나 회사의 장래는 별로 거들떠보지 않는다. 회사가 잘못되면 당장 자신에게도 피해가 오는데도 자기만 편하면 그만이다. 조금만 하기 힘들어도 불만이 쏟아진다. 쉽게 그만두기도 한다.

예전에 아이를 키울 때도, 집안일을 도우라고 하면 서로 쉽게 할 수 있는 것만 하려 들었다. 이때 화장실 청소는 안 하려 빠지고, 쉬운 신발 정리나 하겠다고 나섰다. 직장에서 일하는 것도 똑같다. 편한 것만 골라서 하려고 한다. 이러면 힘든 일은 누가 하나?

결혼하지 않고 혼자 사는 것만 해도 그렇다. 나만 편하게 살면 그만이라는 자세다. 좀 안 좋게 이야기하면 단것만 쪽 빨아 먹는 격이다. 또 나 하나쯤 그러는데 나라에 무슨 영향을 미치겠느냐는 투다. 모든 것이 자신 위주다. 자신의 일 외에는 거들떠보지 않는다. 사회와 나라가 어떻게 될지는 뒷전이다. 결혼하지 않으면 출산율이 낮아져 인구가 줄어든다. 생산인력이 줄어 국가 경제는 쇠퇴한다. 압축성장을 해 온 우리나라가 축소사회로 갈 수밖에 없다.

국가 소멸의 시계 소리가 째깍째깍 경고음을 내 온 지도 한참 지났다. 그런데도 많은 젊은이가 여전히 남의 일, 남의 나라 일처럼 나몰라라 한다. 엄밀히 따져 보면 결혼하고 아이 낳는 것은 전적으로 자신들을 위한 것이다. 그렇다면 우리나라 인구가 5천만 명이니 최소한 5천만 분의 1의 몫은 해야 하지 않을까? 젊은이들에 묻고 싶다. "소는 누가 키우나?" 인구 위기 상황에선 '자신이 해야 할 몫'을 해야 한다. 할 일을 결코 멈춰서도 안 된다. "그대 가야 할 곳이 있다면 태풍 불어도 거친 바다로 나아가라"는 양광모 시인의 시같이. 이것처럼 시대가 요구하는 절박한 일은 없다.

멈추지 마라

양광모

비가 와도

가야 할 곳이 있는

새는 하늘을 날고

눈이 쌓여도

가야 할 곳이 있는

사슴은 산을 오른다

길이 멀어도

가야 할 곳이 있는

달팽이는 걸음을 멈추지 않고

길이 막혀도

가야 할 곳이 있는

연어는 물결을 거슬러 오른다

　　　　　　　　　　　혼자 사느냐 함께 사느냐

인생이란 작은 배

그대 가야 할 곳이 있다면

태풍 불어도 거친 바다로 나아가라

앙리 마티스, 「춤」

손에 손잡고 잡으려 하고….

삶의 희열을 원초적인 춤으로 표현했다.

여러 사람이 '함께하는' 전형적인 모습이다.

피카소는 "마티스의 배 속에는 태양이 들어 있다"며

그의 뛰어난 색채 감각을 칭찬했다.

혼자 사느냐 함께 사느냐

2장

함-께-산-다

하나가 하나와 함께하면 둘이 되고 셋도 된다

함께 사는 것은 계속 이어지는 덧셈의 삶이다

프란시스코 고야, 「대장간」

불에 달궈진 쇳덩이를 모루 위에 올려놓고 협동 작업을 하고 있는 풍속화.

망치를 힘차게 들어 올린 메질꾼의 근육질이 돋보인다.

고야와 비슷한 연배인 조선시대 풍속화가였던 김홍도 대장간을 그렸다.

혼자 사느냐 함께 사느냐

당신이 있어 내가 있다

우분투(ubuntu).

'우리가 있어 내가 있다.'는 아프리카 반투족 말이다. 한 인류학자가 어느 날 반투족이 사는 마을을 찾았다. 그는 아이들이 몰려들자 재미있는 놀이를 하자고 제안했다. 좋아하는 과자를 나무에 매달아 놓고 먼저 뛰어간 사람이 따 먹는 게임이었다. "출발!"을 외쳤다. 그런데 앞다퉈 달리는 것이 아니라 함께 손잡고 그냥 걸어가는 게 아닌가.

순간 인류학자는 적잖이 당황했다. 의아해서 아이들에게 "1등으로 가면 다 차지할 수 있는데 왜 함께 가느냐?"라고 물었다. 그러자 한 아이가 "우분투!"라고 큰 소리로 대답했다. 이어 "우리는 모든 걸 함께해요. 그 과자는 우리가 같이 나눠 먹어야 해요."라고 말했다(위키백과 참고).

'우분투'란 말에 대해 넬슨 만델라 전 남아프리카공화국 대통령은 이렇게 설명했다.

"여행자가 우리 마을에 들르면 물이나 음식을 달라고 하지 않아도 됩니다. 그냥 차려 주지요. 이것이 우분투 정신의 하나입니다. 이는 함께함으로써 공동체가 더 나아지게 하기 위한 것입니다."

우분투 정신은 '나'가 아닌 '우리'에 있다. 개인이 아닌 공동체에 있다. 그렇다면 '나'는 누구인가? 나는 어떻게 존재하는가? 나와 함께하는 사람들이 있기 때문이다. '나'라는 존재에 대한 기원은 '나 홀로'로는 설명되지 않는다. 불교의 연기법(緣起法)에도 이런 말이 나온다. "이것이 있으므로 저것이 있게 되고, 이것이 일어나므로 저것이 일어난다." 이는 우분투와 그대로 통하는 말이다.

'나', '너', '당신', '그대', '우리'라는 말은 사람 사는 세상에서 '자신'의 위치를 획정해 주는 말이다. 혼자 살면 '나'는 '나'에서 끝난다. 누군가와 함께해야 '우리'가 탄생한다. 그래서 '우리'가 있어 '내'가 있는 것이다. '나'가 '우리'가 되기 때문이다. 흑인 인권운동가 맬컴 엑스는 "'나'가 '우리'가 되면 '아픔'도 '안 아픔'이 된다."고 말했다. 사람과 함께하는 것이 힘이 되고 위로가 되기 때문이다.

'나'가 나뭇가지라면 '우리'는 그 묶음이다. 『이솝 우화』에 나오는 삼 형제 이야기는 함께 합쳐 살아야 함을 일깨워 준다. 나뭇가지 하나는 쉽게 부러뜨릴 수 있지만 여러 개를 묶으면 그렇게 할 수 없다는 이야기다. 이는 '화살 한 개를 부러뜨리는 일은 쉬우나 여러 개를 한꺼번에 부러뜨릴 수는 없다.'는 '단즉이절중즉난최(單則易折衆則難摧)'란 말과 같은 내용이다. 중국 당나라 때 이연수가 지은 역사책

혼자 사느냐 함께 사느냐

『북사(北史)』에 나온다.

'당신'이 없는 '나'는 무의미하지만 둘이 하나로 합치면 큰 힘이 된다. 1+1=2만 되는 게 아니라 10이 되고 100이 된다. 말 1마리는 4톤을 끌지만 말 2마리는 22톤을 끈다. 이게 함께하는 힘이고 시너지다. 민승기 시인은 "내 안에 너 있다"라고 읊었다. 정호승 시인도 "당신이 없으면 내가 없습니다 / 당신이 있기 때문에 내가 있습니다"라고 했다. 독일 시인 베르톨트 브레히트는 「아침저녁으로 읽기 위하여」라는 시에서 "당신이 필요하다."고 했다.

그대 있음에….
'그대'라는 말도 정감이 가는 말이다. "그대의 근심 있는 곳에 나를 불러 손잡게 하라." 2023년 세상을 뜬 김남조 시인은 「그대 있음에」라는 시에서 '그대가 있어 내가 있다'고 했다. 이 시는 격조 높은 구원과 사랑의 시다. 김 시인은 1,000여 편의 시로 사람과 사랑을 읊었다. 김 시인의 마지막 시집도 『사람아 사람아』이다.

'당신'과 '그대'는 노래에도 자주 등장한다. 「당신은 모르실 거야」라는 노래는 '당신의 사랑은 나요'로 끝맺는다. 「그대라는 시」에선 '언제부터인지 그대를 보면 운명이라고 느꼈던 걸까'라며 밤하늘의 별처럼 곁에 있어 달라고 한다. 여러분에게도 사랑으로 손잡게 해 주는 당신이나 운명처럼 느껴지는 그대가 생겨 함께 살면 좋겠다.

사람은 혼자 살 수 없다

"사람은 혼자서는 살 수 없습니다."

고독사한 2,000여 명의 비참한 흔적을 청소한 유품정리사 김새롬 님이 내린 결론이다. 그는 이렇게 말했다. "수많은 죽음을 겪으면서 사람은 함께 살아야 한다는 것을 절감했습니다. 돈이 많든 적든 죽을 때 가지고 갈 수 있는 것은 행복했던 추억뿐입니다." 모든 생물의 기관 역시 홀로 존재하지 못한다.

나뭇잎에게 물었다.
'당신은 혼자서 살 수 있나요(Are you complete in yourself)?'
'아니요. 내 삶은 가지에 달려 있습니다.'
가지에 물었더니 이렇게 대답했다.
'아니요. 내 삶은 뿌리에 달려 있습니다.'
뿌리에게도 묻자 이렇게 대답했다.
'아니요. 내 삶은 줄기와 가지와 잎들에 달려 있습니다.
가지에서 잎들을 떼어 버리면 나는 죽을 겁니다.'
큰 나무의 생명이 그렇듯 아무것도 완전하게 혼자 살 수 없다.

미국의 성직자 해리 포스딕은 「나무에게 묻다」라는 시에서 나무가 살아가는 조직의 유기적인 연관성을 이같이 읊었다. 이런 연결 고리로 이어져 나무가 살아가는 것이지 따로 살 수 없다는 것이다. 프랑스 화가 세라핀 루이의 「생명의 나무」에도 이런 연관관계로 생성된 뿌리·나뭇가지·잎·꽃·열매 등이 풍성하게 그려져 있다.

사람이 하는 일에도 혼자서는 할 수 없는 것들이 많다. 배달 음식을 보자. 배달 음식은 혼살이족들과 딱 궁합이 맞는 음식이다. 식재료를 사는 것도 귀찮고 해 먹기도 싫으니 자연히 편한 방법에 익숙해진 것이다. 결혼 전 우리 아들도 배달 음식을 많이 먹었다. 한번 생각해 보자. 이렇게 배달 음식을 쉽게 먹을 수 있기까지 얼마나 많은 사람들의 수고가 뒤에 있는지. 맨 먼저 농민과 어민이 있다. 이를 조리하는 요리사에 이어 배달하는 사람까지 한두 사람이 아니다. 혼자 살며 잠자고 움직이는 것도 그렇다. 자신의 몸만 있으면 다 되는 것으로 쉽게 생각한다. 타고 다니는 지하철이나 버스는 어떤가?

혼자 사는 사람은 혼자지만 다른 많은 사람들의 수고로 편하게 생활한다. 이는 또 사회와 국가가 있기에 가능한 일이다. 이런 점에서 혼자 사는 사람은 많은 사람들에게, 사회와 국가에 빚을 지고 사는 셈이다. 그렇다면 자신도 무언가 해야 하지 않을까. 사람은 결코 혼자서는 살 수 없다. 홍관희 시인의 시가 잘 말해 준다.

프랑스 상리스박물관 소장, 1928년

세라핀 루이, 「생명의 나무」

생명의 신비감과 풍요로움을 자아내는 그림이다. 루이는 중산층 가정에서 하녀 생활을 하면서 틈틈이 꽃과 나무 등을 그리며 자신의 행복감을 담아냈다. 뒤늦게 화상(畫商)을 만나 천부적인 재능을 발휘하며 유명해진 그녀의 굴곡진 생애는 영화로 제작됐고, 대표작「천국의 나무」는 우표로도 만들어졌다.

혼자 사느냐 함께 사느냐

홀로 무엇을 하리

홍관희

이 세상에 저 홀로 자랑스러운 거

무어 있으리

이 세상에 저 홀로 반짝이는 거

무어 있으리

흔들리는 풀잎 하나

저 홀로 움직이는 게 아니고

서 있는 돌멩이 하나

저 홀로 서 있는 게 아니다

멀리 있는 그대여

행여 그대 홀로 이 세상에 서 있다고 생각하거든

행여 그대 홀로 무언가를 이룰 수 있다고 생각하거든

우리 함께 어린 눈으로 세상을

다시 보자

밥그릇 속의 밥알 하나

저 홀로 우리의 양식이 될 수 없고

사랑하는 대상도 없이

저 홀로 아름다운 사람 있을 수 없듯

그대의 꿈이 뿌리 뻗은 이 세상에

저 홀로 반짝이며 살아 있는 건

아무것도 있을 수 없나니

한 손이 없는 두 사람이 손뼉을 쳤다

두 손.

이 세상에서 가장 잘 맞는 짝이 바로 두 손이다. 무슨 일을 할 때 알아서 척척 맞춘다. 왼손이 가면 오른손이 거든다. 오른손이 칫솔을 들면 왼손이 물컵을 대령한다. 손뼉 칠 때는 두 손이 신이 난다. 두 손이 모아지면 간절한 기도가 된다. 두 손이야말로 '함께 협동하는 최고의 모델'이다.

월남전이 한창이던 시절에 있었던 일이다. 부상당해 돌아온 군인들을 위한 대대적인 위문 공연을 준비하는 데 문제가 생겼다. 미국의 유명한 코미디언 밥 호프의 출연 섭외가 여의치 않았기 때문이다. 그는 너무 바쁜 데다 선약이 있어서 나갈 수 없다고 했다. 밥 호프가 없는 위문 공연은 별 의미가 없다고 생각한 이 프로그램 감독은 그에게 간청했다. "전쟁터에서 돌아온 군인들을 위로하는 아주 중요한 무대에 당신이 꼭 필요합니다. 없어서는 안 됩니다." 밥 호프도 감독의 끈질긴 부탁에 "그러면 제가 5분 정도만 얼굴을 보이고 내려와도 괜찮겠습니까?"라며 양해를 구했다. 주최 측은 그렇게만 해줘도 고맙겠다고 했다. 밥 호프의 위문 공연은 가까스로 성사됐다.

공연이 시작됐다. 밥 호프가 무대에 올라 얘기를 시작하자 사람들은 좋아라 하며 웃기 시작했다. 그런데 밥 호프는 5분이 지나도 내려오지 않았다. 끝낼 생각을 않고 공연을 계속했다. 거의 40분 동안 공연하고 내려온 그의 얼굴에는 눈물이 흐르고 있었다. 감독은 5분간만 공연하기로 한 그가 어찌하여 40분이나 무대에 섰고 왜 눈물을 흘렸는지를 물었다. 밥 호프는 눈물을 닦으며 이렇게 말했다. "저 앞줄에 있는 두 사람 때문에 그랬습니다."

이 말을 듣자, 감독에겐 이런 광경이 퍼뜩 떠올랐다. 앞줄에 앉아 있는 상이군인 두 사람이 열심히 손뼉 치며 기뻐하는 모습이었다. 한 사람은 오른팔을 잃었고, 다른 한 사람은 왼팔이 없는 상태였다. 오른팔을 잃어버린 사람은 왼손으로, 왼팔이 없는 사람은 오른손으로 두 사람이 함께 박수했던 것이다. 이런 사연을 밝힌 밥 호프는 말했다. "저 두 사람은 나에게 진정한 기쁨이 무엇인가를 가르쳐 주었습니다. 한 팔을 잃어버린 두 사람이 힘을 합하여 함께 기뻐해 주는 모습을 보면서 나는 참된 기쁨을 배웠습니다."

밥 호프의 진정 어린 공연과 두 상이군인의 눈물겨운 박수! 한 사람만으로 해낼 수 없는 일을 똑같은 처지의 두 사람이 함께해 이런 멋진 장면을 연출한 것이다. 두 상이군인의 박수는 고장난명(孤掌難鳴)이라는 고사성어를 떠올리게 한다. 손바닥 하나로는 소리를 낼 수 없다는 뜻이다. 기도를 할 때도 한 손만으로는 정성이 모아지지

혼자 사느냐 함께 사느냐

않는다. 두 손을 모아야 한다.

손 이야기라면 유명한 알브레히트 뒤러(1471~1528)의 「기도하는 손」을 빼놓을 수 없다. 이 그림엔 감동적인 일화가 있다. 뒤러에겐 같이 그림을 그리던 프란츠 나이슈타인이라는 절친이 있었다. 두 사람은 너무 가난해 그림 그리는 일과 생업을 병행할 수가 없었다. 상의 끝에 나이슈타인이 먼저 돈을 벌어 뒤러의 학비를 대고, 뒤러의 미술 공부가 끝나면 뒤러가 번 돈으로 나이슈타인이 공부를 하기로 약속했다. 그 후 뒤러는 친구가 보내 준 학비로 공부해 황실 화가가 될 정도로 성공했다.

뒤러는 마음의 빚도 갚고 약속한 대로 역할을 바꾸기 위해 나이슈타인을 찾아갔다. 뒤러가 도착했을 때 마침 그는 두 손 모아 기도하고 있었다. 그의 손은 목수 일 등 오랜 험한 작업으로 손가락이 굳어 있었다. 그림을 그리고 싶어도 그릴 수 없을 정도로 손가락에 변형이 생겼다. 미안하고 슬픈 마음에 뒤러가 그 친구의 손을 그 자리에서 스케치한 것이 그 유명한 「기도하는 손」이다. 그림을 보면 손의 크기가 다르고 한쪽 손의 손가락은 구부러져 있다. 그럼에도 두 손이 아름다운 것은 친구를 위한 희생과 정성의 흔적이 담겨 있기 때문이다.

알브레히트 뒤러, 「기도하는 손」

이 세상에서 가장 아름답게 모은 두 손이다.

신앙이 있든 없든 성스럽고 경건한 마음을 갖게 한다.

함께 간 사람은 살고 혼자 간 사람은 죽었다

남겨 놓고 가야 하나, 같이 가야 하나?

지금으로부터 백여 년 전 겨울에 있었던 일이다. 맨발로 험난한 히말라야를 넘나들며 복음을 전해 '인도의 사도 바울'로 칭송되는 선다 싱(1889~1929)의 이야기다. 그는 1889년 인도 푼잡의 이슬람교 집안에서 태어나 16세 때 기독교에 귀의한 뒤 19세 때부터 전도에 힘썼다. 그가 티베트의 고산을 넘다 눈보라를 만났다. 한참을 걷다가 같은 방향으로 가는 여행자를 만나 동행하기로 했다. 이들이 한참 가고 있을 때 멀찍이서 무언가 눈에 들어왔다. 한 사람이 눈길에 지쳐 쓰러져 있었다. 천만다행으로 살아 있었다.

이를 본 선다 싱은 조금의 망설임도 없이 "우리가 그냥 가면 이 사람이 죽고 말 테니 우리가 업어서라도 데리고 갑시다."라고 제안했다. 이에 동행자는 냉정하게 거절했다. 안타깝기는 하지만 그러다간 모두가 가다 죽는다는 것이었다. 동행자는 뒤도 돌아보지 않고 홀연히 떠났다. 이 사람의 말도 맞긴 맞지만 선다 싱은 조난자를 두고 차마 그냥 갈 수가 없었다. 선다 싱은 하는 수 없이 이 사람을 업고 눈길을 헤쳐 나갔다. 이 사람을 업고 죽을힘을 다해 걷다 보니 그의 등에서는 땀이 났다. 그 더운 기운이 등에 업힌 사람의 몸까지 녹여 원기를 회복시켜 주었다.

이렇게 또 한참을 가다 보니 어떤 사람이 쓰러져 있었다. 그런데 어찌 된 일인가. 행색을 보니 홀로 먼저 떠난 바로 그 동행자였다. 몸이 차가웠고 숨은 멎어 있었다. 선다 싱은 동행자의 주검을 뒤로 한 채 업혔던 사람을 계속 등에 업고 힘겹게 걸음을 옮겼다. 마침내 무사히 산길을 내려왔다. 조난당한 사람을 외면하고 혼자 살겠다고 가 버린 사람은 결국 얼어 죽었다. 둘 다 죽을 위험이 있었는데도 죽어 가던 사람을 업고 간 선다 싱은 살아서 목적지에 안착했다. 물론 둘 다 생명을 잃는 위험한 상황도 얼마든지 있을 수 있다.

훗날 어떤 사람이 선다 싱에게 물었다. "인생에서 가장 위험할 때가 언제입니까?" 그는 이렇게 답했다. "내가 지고 가야 할 짐이 없을 때가 가장 위험합니다." 사람들이 자신의 짐이 가벼워지기를 바라고 자신만 살기 위해 짊어져야 할 '바닥짐'을 지지 않고 갈 때가 위험하다는 가르침이다. 바닥짐이란 선박 운항 때 무게 중심을 유지하기 위해 배 아래나 좌우에 설치된 탱크에 채워 넣는 바닷물을 말한다. 우리네 인생에서 바닥짐으로 무엇이 있을까. 함께하는 삶, 함께 사는 사람, 함께 사는 가족, 함께하는 공동체가 아닐까. 살면서 넘어지지 않기 위해서는 이런 바닥짐이 꼭 있어야 한다.

사람은 섬이 아니다

"어떤 사람도 혼자서는 온전한 섬은 아니다(No man is an island, entire of itself). / 모든 인간은 대륙의 한 조각이며, 전체의 일부이니…."

영국 시인이며 성공회 신부인 존 던(1572~1631)은 사람을 섬에 비유하며 대륙의 한 조각이라고 했다(시 「누구를 위하여 종은 울리나」). 이 기도시(祈禱詩)는 누구도 혼자가 아니며 '저 사람의 슬픔이 곧 나의 슬픔'이라는 동료 의식을 일깨운다. 누구나 인류의 한 사람이라는 '관계'를 설정해 준다. 사람이 섬이 아니라는 것은 사람은 혼자가 아니라는 뜻이다.

영화 『어바웃 어 보이(About A Boy)』에도 '섬' 이야기가 나온다. 직업을 가져 본 적도, 가정을 꾸려 본 적도 없는 38살의 싱글남 윌은 '사람은 모두 섬'이며 자신이 멋진 섬이라고 믿는다. 그러다 혼자 아이를 키우는 부모들의 모임에 참여한다. 거기서 이혼녀 피오나와 11살 난 그녀의 아들 마커스를 만나게 된다. 윌과 피오나와의 결합은 성사되지 않지만 윌은 사람들과 함께 먹고 함께 어울리며 나름의 행복을 느낀다. 윌은 진정으로 자신에게 가장 소중한 존재는 아버지 같은 어른의 보살핌이 필요한 마커스임을 깨닫는다. 영화는 백수건

달 월과 마커스의 만남을 통해 '인간은 섬이지만 바다 밑으로는 서로 연결돼 있다'는 메시지를 남긴다. 인간은 섬이 아니고 함께 어울려 살아야 한다는 것이다.

전라남도의 많은 섬들은 다리가 놓이기 전에는 하나하나 섬들에 불과했다. 그동안 사이사이에 다리를 건설함으로써 섬들이 이어지고 육지에까지 연결됐다. 이렇게 이어짐으로써 이젠 섬이 아니다. 전북 고군산열도도 다리 건설로 확 달라졌다.

사람들은 모두가 보이지 않는 실로 연결돼 있다. 요즘은 관계와 네트워크의 시대다. 불교의 『화엄경』에 따르면 만물은 모두 연결된 존재다(인드라망). 한자 人間(인간)도 '사람과 사람 사이'의 존재를 의미한다. 그 사이사이를 이어 주는 게 바로 '연결'이다. 그래서 사람을 '호모 커넥티쿠스(homo connecticus)'라고 한다. 호모 커넥티쿠스는 여기에서 더 나아가 초(超)연결사회와 '컬래버레이션'으로 발전한다. 초연결사회란 정보통신(IT)을 바탕으로 사람 · 프로세스 · 데이터 · 사물이 연결됨으로써 지능화된 네트워크를 구축한다. 이를 통해 새로운 가치와 혁신의 창출이 가능해지는 사회를 말한다. 이게 연결의 힘이다. 컬래버레이션은 공동 · 협력 · 협업 · 협조라는 뜻이다.

혼자 사는 사람들도 혼자가 아니다. 본디 어머니 탯줄을 달고 태어났다. 이것만으로도 이미 혼자가 아니다. 다 연결돼 있다. 사람이

혼자 사느냐 함께 사느냐

혼자가 아님은 사람 '人' 자가 잘 말해 준다. '人'은 사람이 서로 기대고 서 있는 모양이다. 정현종 시인은 「비스듬히」라는 시에서 "생명은 그래요. 어디 기대지 않으면 살아갈 수 있나요."라고 했다. 기댈 사람이 없는 인간은 결국 쓰러진다. 쓰러진 사람을 일으켜 세우는 것도 결국 사람이다.

사람은 혼자가 아니기에 세상은 넓고도 좁다. 우리나라에는 '서너 다리 건너면 다 아는 사이'란 말이 있다. 미국에서도 6단계만 거치면 모르는 사람이 없다고 한다. 하버드대 심리학자인 스탠리 밀그램의 '좁은 세상 실험'에서 나온 이른바 '6단계 분리(six degrees of separation)' 법칙이다. 케빈 베이컨의 6단계 법칙이라고도 한다.

박미란 시인은 "저녁이면 돌들이 서로 품고 잤다."고 했다. 무생물인 돌들도 이럴진대 사람은 떨어지지 말고 사람을 품고 함께 살아야 한다. 혼자만 잘 살면 된다고 생각하면 잘못이다. 자신이 사는 마을에, 사회에, 국가에 자신이 해야 하는 일과 역할이 있다. 서로 옆으로나 위아래로 관계를 맺으며 공생하는 게 우리 사회다. 저출산에 의한 인구 감소가 국가적인 문제라면, 국민의 한 사람으로서 나름의 책임이 있는 것이다. 존 던의 「누구를 위해 종은 울리나?」라는 시처럼 "누구를 위해 나는 사는가?"를 생각해 봐야 한다.

저녁이면 돌들이

박미란

저녁이면 돌들이
서로를 품고 잤다

저만큼
굴러 나가면
그림자가 그림자를 이어 주었다
떨어져 있어도 떨어진 게 아니었다

간혹,
조그맣게 슬픔을 밀고 나온
어린 돌의 이마가 펄펄 끓었다

잘 마르지 않는 눈빛과
탱자나무 소식은 묻지 않기로 했다

누군가는 꼭 있어야 한다

'없다.'

이 말이 풍기는 느낌은 좋지 않다. 돈이 없다, 집이 없다, 먹을 것이 없다…. 이러면 안타깝고 딱하기만 하다. '가족이 없다', '보호자가 없다'면 이땐 막막하다. 혼자 살면 앞으로 이런 상황을 맞게 될 가능성이 아주 높다. 지금은 사람이 자기 주변에 더러 있지만 점차 없어진다. 세월이 흐르면 먼저 옆에 있는 사람부터 하나둘 사라진다. 나중엔 뒤에 아무도 없게 된다. 혼자 남게 된다. 같이 있는 사람은 아무도 없다.

"똑같은 것을 수없이 찍어 내는 것이 상품이다. 명품은 소수를 찍는다. 작품은 딱 하나만 찍어 내는 것이다. 그런 점에서 인간은 누구나 신(神)의 작품이다." 송병락 서울대 명예교수는 『전략의 신』이란 책에서 이런 말을 했다. 이 세상에서 똑같은 사람이 하나도 없기에 '딱 하나인 당신이 곧 작품'이라는 것이다.

맞는 말이다. 그래서 혼자 사는 젊은이들은 아마 물건은 명품을 찾고, '내 인생은 내 작품'이란 마음으로 살아갈 듯싶다. 혼자 개성 있게, 남다르게 사는 것이라고 생각할 터다. 그러다 자칫 명품이 아닌 졸품(拙品)이 될 수도 있다. 또 인생 끝까지 이렇게 살아갈 수 있는가? 인생에서 '나'라는 '브랜드'와 '작품'은 누군가와 함께할 때만 존재한다. 그렇지 않으면 무의미한 것이다. 오롯이 자신 혼자 살아가야 한다. 자신의 힘과 능력으로 이뤄지지 않으면 누군가의 도움을 받아야만 한다.

먼저 몸의 장기에 이상이 생겼을 때를 보자. 간이나 신장이 중증이 되면 누군가로부터 이식을 받아야 한다. 장기이식은 아무한테나 받을 수 없다. 손쉬운 방법이 가족으로부터 받는 것이다. 이때 가족이 없으면 다른 사람으로부터 받아야 한다. 여기에서도 다른 사람의 도움이 필요하다. 도움을 주고받는 관계가 형성된다.

사람이 살다 보면 타인의 도움이 불가피한 경우가 수없이 많이 생긴다. 돈이나 다른 사람의 도움으로 해결할 수도 있지만 자신이 아니고는 해결할 수 없는 일들이 있다. 자신의 삶을 누가 대신해 줄 수 없는 상황도 언젠가 오게 된다. 이때는 누군가와 관계를 맺어야 한다. 서로를 이어 주는 끈이 있어야 하기 때문이다. 인생은 단 한 번뿐이다. 두 번은 없다. 비스와바 심보르스카의 시「두 번은 없다」는 혼자 사는 사람들에게 많은 깨달음을 줄 것이다.

지금 여러분 곁에는 누가 있습니까?

두 번은 없다

비스와바 심보르스카

두 번은 없다

(Nothing can ever happen twice)

세상 이치는 그래서 안타까운 것

우리는 아무 연습 없이 왔다가

해 보지도 못하고 간다네 (…)

어제와 똑같은 날은 없다

(No day copies yesterday)

똑같은 방식, 똑같은 입맞춤으로

환희를 가르쳐 줬던

똑같은 밤은 다시는 없다 (…)

왜 우린 덧없이 흘러가는 나날을

쓸데없는 불안과 슬픔의 눈으로 보나

이런 날은 이렇게 부르지 않는다

오늘은 항상 지나 버린 내일이라고

미소 짓고 포옹하며

별 아래서 합일점을 찾아보자

비록 우리가 두 방울의

물처럼 서로 다르다 해도

짧게 살려면 혼자 살고
오래 살려면 함께 살라

함께-.

사람 사는 세상에서나 자연에서나 어디에서든 통하는 말이 바로 '함께'다. 이 말은 어느 말에 붙여도 자연스럽게 연결된다. '너와 나와 함께', '우리 함께', '엄마 아빠와 함께', '우리 모두 함께' 등 우리말 가운데 가장 붙임성이 좋은 부사다. 끈끈한 연대감을 말하는 데 이 말처럼 적합한 말이 없다. 접착제 같은 말이다.

함께 가라-.

여러분도 잘 아는 아프리카 속담에 '빨리 가려면 혼자 가고, 멀리 가려면 함께 가라'가 있다. 우리 내외가 2007년 7월 아프리카를 여행하면서 보니 이런 속담이 나올 만했다. 무더운 날씨에 척박한 광야를 지나 맹수를 피해 멀리 가기 위해서는 누군가와 함께하는 것이 꼭 필요해 보이는 지형이었다. 실제 케냐의 마사이마라에는 혼자 가기에 위험한 곳들이 많았다. 외진 곳에서는 두서너 명이 꼭 함께 움직이는 모습을 볼 수 있었다. 나태주 시인은 '먼 길, 함께 가자'고 했다(시 「먼 길」). 함께 가면 멀어도 가깝다는 것이다.

함께 살라-.

132

모든 생물이 지금까지 생존해 온 데에는 두 가지 요인이 있다. 강자생존과 적자생존이다. 서로 경쟁하기 때문에 강해야 살아남고, 변화하는 환경에 적응하지 못하면 절멸되는 것이다. 그동안 인류라는 여러 종(種)이 있었으나 '호모 사피엔스(Homo sapiens)' 단 하나만 살아남았다. 'Homo sapiens'란 '지혜로운 사람' 또는 '생각하는 사람'을 뜻한다.

유발 하라리 교수는 다른 인간종에 비해 약한 신체를 가진 호모 사피엔스가 생존한 이유의 하나로 '인지(認知)혁명'을 들었다. 언어의 능력이 있었기 때문에 서로 소통이 되면서 허구의 '공통 신화'를 만들었고, 이를 바탕으로 공동체 의식이 형성되고 일체감이 조성됐다는 것이다. 상생의 공동체가 만들어짐으로써 모듬살이의 개체 수가 계속 불어나면서 무리를 이뤄 '네안데르탈인'을 물리치고 살아남았다는 게 하라리 교수의 지론이다. 생존 경쟁에서 1대1로 싸울 때는 지지만 100명 이상이 모여 경쟁할 때는 다른 종들을 압도하게 된다는 것이다(책 『사피엔스』). 이런 호모 사피엔스의 삶이 '함께 사는' 모듬살이다.

인류는 이런 모듬살이를 통해 생존해 왔다. 서로 합쳐 어려움을 극복하고 위로받으면서 험난한 환경 변화에 맞춰 살아온 것이다. 이 과정에서 터득한 지혜가 '뭉치면 살고 흩어지면 죽는다'이다. 그래서 서로 손잡고 함께 가야 한다. 생물학자인 최재천 이화여대 석좌교수는 "손잡지 않고 살아남은 생명은 없다."고 말한다. 사람 사는 사회에서도 더불어 살기 위해서는 함께하라는 것이다.

지혜롭게 살라―.

내가 그동안 살면서 경험해 보니 사람은 꼭 함께 살아야 한다는 것을 절감했다. 힘들고 부대끼기도 하지만 많은 의지가 되고 힘이 됐다. 자연활동가인 존 펜버티는 "인생이란 '나'에서 시작되어 '우리'로 가는 긴 여정"이라고 했다. '나'가 '우리'가 된다는 것은 누군가와 함께한다는 것이다. 긴 여정에서 멀리 그리고 오래 살려면 함께할 사람이 있어야 한다. 그 중심이 되는 게 바로 가족이다. 함께하는 것은 더불어 사는 인생에서 꼭 필요하다.

우리 부부는 결혼 생활 50년 동안 함께한 것들이 꽤 많다. 테니스 등 운동과 산행을 20여 년 같이했다. 무릎이 안 좋아진 10여 년 전부터는 탁구와 걷기로 건강 관리를 함께해 왔다. 함께하는 생활은 결혼한 우리 자녀들에게까지 이어졌다. 큰딸네와는 4년간, 작은딸네와도 2년 넘게 한집에서 살았다.

함께하는 것은 삶의 본령이다. 같이함으로써 사랑과 힘을 만든다. 이게 생존의 '안전망'이다. 집안일도 온 가족이 함께해야 한다. 육아와 돌봄도 '함께'가 필수적이다. 힘든 일이라 부부가 같이해야 한다. 필요한 경우 친정이나 시댁에서도 함께 도와주는 게 좋을 것이다.

부엌일도 마찬가지다. 내 일 네 일이 따로 없다.

　함께하는 것은 매사에 중요하고 의미 있는 일이다. 여러 사람이 같이해야 힘이 모아지기 때문이다. 힘을 뜻하는 한 개의 力(력)은 약하나 세 개가 합쳐 協(협)이 되면 강해진다. 함께하는 힘은 '팀워크'에서 나온다. 그래서 '팀보다 위대한 선수는 없다'는 말이 있다. 2022년 5월 한국을 방문한 조 바이든 미국 대통령은 만찬사에서 "We go together!"라고 강조했다. "우리 함께 갑시다!"이다. 헬렌 켈러는 "혼자 하면 이룰 수 있는 게 무척 적지만 함께하면 아주 많다."고 했다. 재난을 극복하는 일에도 '우리 함께'다. 위험한 일에는 '2인 1조'가 기본이다. 사람은 '더불어 사는 인간(호모 심비우스Homo symbious)'이다.

　사람 사는 세상에서는 모든 게 함께 가야 한다. 좋게 가면 더 좋고, 오래 가면 더욱 좋다. 더 나아가 인생의 끝까지 같이 가면 이보다 더 좋을 수가 없을 것이다. 이것이 바로 함께하는 것의 생명력이고 지속성이다. 결혼 안 하고 혼자 사는 이유가 100가지라면 함께 살아야 할 이유는 차고 넘친다. 짧고 편하게 살려면 혼자 살고, 오래 잘 살려면 함께 살아야 한다. 혼살이는 짧고 함살이는 길다.

평범하게 사는 것이 잘 사는 것

'예쁘고 똑똑하고 검소하고 순종적인 여자'

이 세상에 이렇게 갖춘 사람이 있을까? 이상형의 완벽한 여성과 결혼하려는 한 남자가 있었다. 영국의 시인이며 인권운동가인 토머스 데이(1748~1789)다. 지금부터 250여 년 전의 일이다.

데이는 여성이 모든 걸 다 갖춰야 한다고 생각했다. 데이의 이런 배우자 물색은 수차례 좌절로 이어졌다. 조건에 딱 맞는 여성을 찾기가 쉽지 않았고, 어렵게 찾아내면 여성 쪽에서 퇴짜를 놓았다. 세상 어디에도 있지 않은 여성을 찾는 데 실패한 그는 직접 아내를 기르겠다고 나섰다. 스물한 살이 되던 해에 고아원에서 12살과 11살짜리 소녀 둘을 데려와 키우고 교육했다. 원하는 여성이 이 세상에 없다면 만들어 내면 된다는 기상천외한 발상이었다. 시대착오적인 이 시도는 결국 헛수고로 끝났다. 그는 결혼을 하기는 했지만 상대는 그가 추구하던 여성과는 전혀 딴 사람이었다(책 『완벽한 아내 만들기』).

완벽한 커플이 없음은 우리 사회 곳곳에서도 확인된다. 서로 좋아하고 사랑한다고 해서 연을 맺은 부부의 이혼율이 되레 높다는 조사

혼자 사느냐 함께 사느냐

결과가 이를 잘 말해 준다. 재혼 중매 사이트 온리-유와 결혼 정보 회사 비에나래가 2018년 공동으로 '돌싱' 남녀 556명을 대상으로 실시한 설문 조사에서다. 남자의 42.8%, 여자의 38.1%가 '운명적 만남'으로 전 배우자와 인연을 맺었다고 응답했다. 서로 좋아 연애결혼을 했는데 그렇지 않은 커플보다 더 많이 헤어진 것이다. 혼자 사는 사람 가운데는 자신에 맞는 이상형의 이성을 찾지 못해 결혼을 포기한 사람이 적지 않다. 완벽한 인간이 없기에 자신의 맘에 쏙 드는 이성을 찾기란 매우 어려운 일이다.

"선만 100번 넘게 봤다."

우리는 이런 이야기를 이따금 듣는다. 횟수가 100번이라면 엄청난 것이다. 이만큼 사람 고르기가 힘들다는 말이다. 현재 60대 초반인 어느 방송인의 이야기를 들어 보자.

"사랑이 먼저고 결혼이 다음인데 결혼하기 위해 누군가를 본다는게 앞뒤가 안 맞는 것 같아 혼란스러웠다. 35살까지 혼자 있으니까 마담뚜 같은 사람들한테 전화도 오고 선도 100번 가까이 봤다."

이 방송인은 가까스로 결혼에 성공했다. 하지만 이러고도 뜻을 이루지 못한 사람들도 적지 않다. 흔한 소개팅의 성공 확률도 3%가 안된다고 한다. 내가 아는 사람 가운데는 잘나가는 전문직 사위만 고르다 사람도 놓치고 세월만 허송한 분들이 적지 않다. 이는 무엇을 말해 주는가. 사람을 '적당히' 고르라는 것이다. '적당히'란 말이 다소 애매하기는 하다. 웬만큼 맘에 들면 밀고 나가라는 말이다. 어느 정도 모자라거나 부족한 점이 있어도 그 선에서 선택하는 것이 지혜다. 고르고 고르다 '혼기'를 놓치면 안 된다.

사람을 보는 데 유념할 것은 사람마다 다른 점이 많다는 것이다. 부부간도 마찬가지다. 일심동체라지만 실은 이심이체(異心異體)다. 얼마나 다르냐는 차이가 있을 뿐이다. 미국의 존 그레이 박사는 부부간에도 다름이 많음을 뒤늦게 깨닫고 어떻게 하는 것이 좋을까를 연구하다 『화성에서 온 남자, 금성에서 온 여자』라는 책을 냈다.

이런저런 이유로 '인간들이 싫다'며 혼자 사는 사람들도 많다. 그렇다면 '혼자 사는 것'은 어떻게 보아야 하나? 혼자 사는 사람들은 아무렇지 않게 생각할지 모르지만, 나에겐 유별나게 느껴진다. 사람들이라는 게 그러려니 하고 생각해야지 그렇지 않으면 살기 힘들다. 이 세상엔 특별히 잘 사는 것도, 못 사는 것도 없다. 눈을 낮춰 '보통 사람' 만나 평범하게 사는 것이 삶의 지혜가 아닐까. 부족하거나 맘에 안 드는 점이 있으면 서로 보완해 가며 살면 된다. 다름을 인정하고 서로의 마음을 헤아리는 데는 독일의 정신과 의사 프리츠 펄스의 「게슈탈트 기도문」이 많은 참고가 될 것이다.

게슈탈트 기도문(Gestalt Prayer)

프리츠 펄스

나는 내 일을 하고

당신은 당신 일을 합니다

나는 당신의 기대에 맞추기 위해

이 세상에 나오지 않았고

당신도 나의 기대에 맞추기 위해

이 세상에 나오지 않았습니다

당신은 당신, 나는 나입니다

그러다 우리가 우연히 서로를 발견한다면

아름다운 일이 되겠지만

그렇지 않다면 어쩔 수 없는 일입니다

(And if by chance we find each other,

it's beautiful. If not, it can't be helped)

하루살이도 종족 남기려 처절하게 산다

하루살이-.

모든 동물 가운데 자신의 수명이 자신의 이름이 된 유일한 곤충이다. 사람의 생각으로 보면 이처럼 불쌍한 곤충은 없을 것 같다. 이름대로 딱 하루만 살까? 아니다. 우리가 통상 단명을 말할 때 '하루살이'라는 수식어를 붙인다. 그런데 하루살이는 하루만 사는 게 아니다. 수명이 너무 짧아서 그렇지 아주 치열하게 살다 간다.

하루살이의 생애는 '알 → 애벌레 → 아(亞)성충 → 성충'으로 이어진다. 성충이 물속에 낳은 알은 한 달 정도 돼 애벌레가 된다. 애벌레는 1~2년 후 잠시 아성충이 됐다가 성충이 되어 날게 된다. 수만에서 많게는 수십만 마리의 하루살이가 나는 모습은 가히 장관이다. 이 군무는 하루살이에겐 '짝짓기'를 위한 '혼인비행'이다. 삶의 유일한 목적이다. 하루살이는 성충이 되면 입이 퇴화해 먹을 수 없고 오직 생식기능만 가진다. 짧은 기간 배우자를 찾아야 하기에 필사적으로 나서는 것이다.

하루살이는 무려 2억 년 전부터 생존해 온 것으로 추정된다. 하루살이가 이렇게 살아남은 것은 끈질기게 지켜 온 종족 보존 본능 때

혼자 사느냐 함께 사느냐

문이다. 하루살이의 삶은 인간에 비하면 아무것도 아니지만 '하루'가 '한평생'이다. 하루살이는 하루만 사는 '하루살이'가 아니다.

매미도 하루살이 못지않다. 종족 번식을 위해 수컷은 낮이고 밤이고 울어 댄다. 특수한 발음기로 암컷에 구애하는 것이다. 평균 72.7 데시벨이다. 자동차 소음(67.8데시벨)보다 높다. 매미도 특별한 라이프사이클을 갖는다. '알→유충→부화→성충(매미)'의 과정을 거친다. 1년 정도 나무속에서 알로 있다가 부화한 후 땅속으로 들어간다. 최소 7년 이상 나무뿌리의 즙을 먹고 자란다. 애벌레로 땅 위에 올라와 날게 되고 나무에 앉아 울기 시작한다. 장장 17년 만에 지상으로 나오는 것도 있다.

매미가 지상에서 생존하는 기간은 일주일에서 1개월로 짧다. 수컷은 짝짓기가 끝나면 죽는다. 암컷은 알을 낳고 생을 마감한다. 지상에서의 활동 기간은 이렇게 짧지만 생애는 많은 햇수로 말해야 한다. 긴 '인고의 삶'이기에 옛날부터 존경받을 만한 주인공으로 그림에 등장한다. 겸재 정선의「송림한선(松林寒蟬)」이 유명하다.

'메뚜기도 한철'이라는 말도 있지만 모든 동물에겐 한철은 없다. 삶은 짧지만 종족 번식을 위해 할 것 다 하고 살다 간다. 이정록 시인의「하루살이」란 시에는 이 곤충의 일생이 잘 그려져 있다.

하루살이

이정록

막내가 가르쳐 준 건데

하루살이는 애벌레 때부터

스무 번도 넘게 허물을 벗는다더라

그러니께 우리가 보는 하루살이는

마지막 옷을 입고 날아다니는 거지

수의엔 주머니가 없다는데

알주머니 하나를 온전하게 채우고

비우려고 필사적으로 사랑을 나누는 거여

필사적이란 말이 이렇게 장한 거다

어미 아비만이 할 수 있는

거룩한 춤사위여

혼자 사느냐 함께 사느냐

꽃은 절대 허투루 피지 않는다

"꽃밭에 앉아서 꽃잎을 보네 / 고운 빛은 어디에서 왔을까 / 아름다운 꽃이여."

세종 때 유생인 최한경은 「화원」이란 시에서 이렇게 꽃을 노래했다. 꽃은 왜 고울까? 꽃은 누구를 위하여 피는 것일까? 꽃들은 아름답고 향기를 내뿜는다. 어느 꽃 하나 허투루 핀 게 없다. 이산하 시인은 "꽃이 대충 피더냐 이 세상에 대충 피는 꽃은 하나도 없다."(시 「나에게 묻는다」)고 했다. 모든 꽃은 최고의 자태를 뽐낸다. 이것이 바로 자신들의 생존 전략이다. 식물학에서 내리는 꽃의 정의는 '생식 기관'이다. 꽃은 '꽃 → 열매 → 씨'라는 번식의 순환 구조를 이룬다. 이게 자연의 섭리다.

꽃은 작더라도 작게 살지 않는다. 꽃마리라는 꽃은 지름이 고작 0.2~0.3㎝다. 작다는 냉이꽃보다 더 작다. 하지만 작다고 얕보면 안 된다. 작아도 있을 건 다 있다(서광원 인간자연생명력연구소장). 잡초나 들꽃 모두 소중하다. 인디언 말엔 '잡초'가 없다고 한다. 잡초라도 모두 쓸모가 있고, 사람 사는 데 많은 도움도 주기 때문이다. 모든 꽃들은 생명력이 강하다. 영국 시인 알프레드 테니슨은 「담벼락 틈새에 핀 꽃」이란 시에서 이를 찬양했다.

대추에는 헛꽃이 없다. 이러면 장석주 시인의 시에서처럼 '태풍과 천둥과 벼락이 몇 개가 들어가는' 사이 붉게 익는다. 밤나무는 땅속에 밤톨이 씨밤(생밤)인 채로 달려 있다가 밤의 열매가 열리고 난 후에야 씨밤이 썩는다. 『명심보감』에도 '열매를 맺지 않는 꽃은 심을 필요가 없다(不結子花休要種)'는 말이 있다. 심은 나무는 꽃을 피워 반드시 열매를 맺어야 한다는 뜻이다.

열매 속에는 반드시 씨가 있다. 씨앗이 소중하기에 우리가 되새겨 볼 만한 두 개의 말이 있다. 그 하나가 '농부아사 침궐종자(農夫餓死枕厥種子)'다. 다산 정약용의 『이담속찬(耳談續纂)』에 나오는 말이다. '농부는 굶어 죽는 한이 있더라도 먹지 않고 종자를 베고 죽는다.'는 뜻이다. 다른 하나는 『주역』에 나오는 '석과불식(碩果不食)'이다. '나무에 달린 큰 과일을 따 먹지 않고 종자로 쓰자'는 뜻이다. 씨앗들은 싹을 틔울 때까지 기다린다. 식물학자인 호프 자런에 따르면, 매년 지구상에 떨어진 수백만 개의 씨앗 중 불과 5%도 안 되는 씨앗만이 싹을 틔운다.

아주 작은 꽃씨도 태어날 때부터 자신이 어떻게 살아가야 할지 알고 있다고 한다. 그러나 사람은 혼자이거나 결혼해도 출산하지 않으면 열매를 맺을 수 없다. 사람이 태어나 자녀를 낳는 것도 꽃이 피어 열매를 맺는 것과 똑같은 이치다. '낳고' '낳고'가 계속 이어져 현재까지 이른 것이다. 그러기에 태어났으면 후손을 태어나게도 해야 한다

　　　　　　　　　혼자 사느냐 함께 사느냐

는 게 내 생각이다. 자신이 받은 만큼의 혜택을 세상에 되돌려줘야 하는 것 아닌가.

정용철 시인은 "꽃이 아무리 아름답다 해도 꽃만으로 살 수 없습니다. 자기 이름의 열매를 맺어야 하고 자신만의 씨앗을 가져야 합니다."(시 「열매와 고통의 열매」)고 했다. 꽃은 어느 꽃이건 언제 봐도 아름답다. 유명한 「키스」를 그린 구스타프 클림트의 꽃 그림은 너무 아름답다.

꽃은 피면 열매를 맺어야 한다. '꽃잎이 떨어져도 꽃은 지지 않는다'는 아름다운 말이 있다. 꽃이 가지고 있는 본질은 사라지지 않고, 씨앗을 통해 존속되기 때문이다. 나는 실내에서 화분에 나팔꽃을 키운다. 아주 추운 겨울은 물론 1년 내내 활짝 핀 나팔꽃을 볼 수 있다. 시들면 맺은 씨를 받아 두었다가 심기를 계속하는 것이다.

김춘수 시인의 「꽃」이란 시에서처럼 이름을 불러 주면 여러분에게 꽃이 되는 사람이 있으면 좋겠다. 나태주 시인의 「꽃필 날」이란 시처럼 혼자 사는 젊은이들에게 하루빨리 꽃필 날이 왔으면 좋겠다. 그리고 열매를 맺는다면 얼마나 좋을까.

담벼락 틈새에 핀 꽃

알프레드 테니슨(최영미 시인 번역)

갈라진 담벼락 틈새에 피어난 꽃이여

틈새에서 너를 뽑아

내 손에 들었네

여기 너의 뿌리며 모두 다 있네

작은 꽃- 네가 무엇인지

너의 뿌리와 전부를

내가 이해할 수 있다면

신과 인간이 무엇인지 알게 되겠지

꽃필 날

나태주

내게도
꽃필 날 있을까?
그렇게 묻지 마라
언제든
꽃은 핀다
문제는
가슴의 뜨거움이고
그리움, 기다림이다

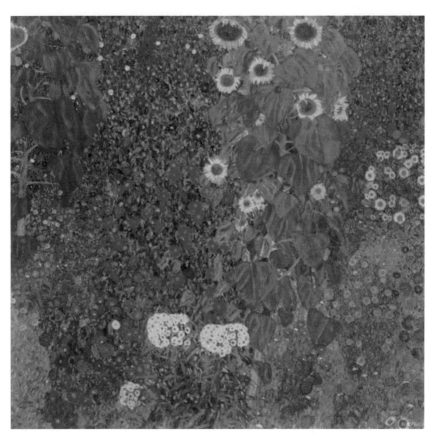

오스트리아미술관 소장, 1907년

구스타프 클림트, 「꽃이 있는 농장 정원」

꽃밭의 아름다움을 노란색 · 붉은색 · 보라색 · 흰색 등
형형색색의 꽃들로 그려 냈다. 보는 것으로 눈이 호강한다.
내가 본 꽃 그림 가운데 가장 다채롭고 가장 아름답다.

혼자 사느냐 함께 사느냐

결혼은 해야, 안 하면 더 후회한다

"이봐, 해 보기는 했어?"

1983년 정주영 전 현대그룹 회장은 서산 간석지 간척에 부정적인 임직원들을 불러 이렇게 꾸짖었다. 그러곤 "해 보지도 않고 그래. 시간과 돈만 낭비하지 말고 한번 해 보기나 해 봐!"라고 했다. 당시 정 회장은 안 된다고 말하는 사람들에게 이렇게 나무랐다. 결과적으로 공사는 대성공이었다. 이 일화를 꺼낸 것은 정 회장의 '해 봐' 논리가 결혼을 하지 않고 혼자 사는 젊은이들에 대해 시사하는 점이 많기 때문이다. 해 보는 것과 안 해 보는 것 사이엔 엄청난 차이가 있다.

"내가 알아서 할게요."

자녀들에게 어서 결혼이나 하라고 하면 이 말이 톡 튀어나온다. '알아서 한다'는 이 말, 답변 치고는 고약한 대꾸다. 알다가도 모를 말이다. 필자의 경험상 이 말이 나오면 신경전 속에 톤이 높아진다. 분위기는 안 좋아지고 대화는 얼굴을 붉힌 채 끝나게 된다.

'알아서 한다'는 말에는 말하는 사람의 메시지가 숨어 있다. 일단은 대부분 부정적이다. 결혼하라는 말에 이렇게 대꾸했다면 "내가 알아서 살게요."가 된다. 결혼할 마음이 없다는, 결혼을 하지 않겠다는 뜻을 에둘러 말하는 것이다. 그동안 대화에서 이런 말을 한두 번도 아니고 여러 번 들었기에 역겹다는 반응으로 이렇게 말할 수도 있다. 부모들은 '내가 경험해 봐서 아는데…'라며 더 나이 먹기 전에 결혼하라고 다그치기도 했을 것이다. 반면 자녀들은 어떻게든 어려운 순간을 모면하기 위해 이렇게 답할 수도 있다.

인생을 살아가는 과정은 수많은 선택의 연속이다. 이때 판단에 확신이 없으면 누구나 고민하기 마련이다. '해도 후회, 안 해도 후회'라는 단서가 붙으면 아주 무거운 고민이 된다. 이게 결혼이다. 선택 가운데 가장 중요한 선택이다. 당사자에겐 피해 가고 싶은 난제고 부모들한테는 골치 아픈 숙제다.

물질이 더없이 풍요한 시대임에도 살기 힘들고 하기 힘들다는 이유로 결혼은 어느새 선택 사항이 됐다. 당위성과 효용성에 의문이 제기되면서 결혼이 예전과 달리 의무가 아닌 시대가 된 것이다. 그 결과 결혼마저 가성비로 따져 보게 되었다. 제일기획이 실시한 조사에서도 응답자의 62.1%가 "결혼은 투자"라고 응답했다. 이는 결혼을 목적이 아닌 수단으로 여기고 있음을 보여 준다.

'한 것'에 대한 후회와 '하지 않은 것'에 대한 후회의 편차는 크다. 후회는 하되 적게 하는 사람도 물론 있다. 미국 시인 존 휘티어는 "이 세상에서 가장 슬픈 말은 'It might have been'"이라고 했다. '아!

그때 해 볼걸, 왜 안 해 봤을까?'라는 뜻이다. 그렇다면 '해 보고 후회하는 게 낫지 않느냐'는 게 내 생각이다. 물론 잘못된 결혼으로 헤어지거나 후회하는 사람들도 적지 않다. 하지만 우리 주변엔 결혼에서 아이 낳고 잘 사는 사람들이 훨씬 많다. 이것은 무엇을 말해 주는가.

또 결혼하는 것이 좋은지, 안 하는 것이 좋은지는 아무도 알 수 없다. 한 가지 분명한 점은 결혼을 한 사람과 안 한 사람의 인생에 큰 격차가 생긴다는 점이다. 이것이 바로 '결혼 격차'다. 그런 만큼 결혼에 대해 좋지 않게 단정적으로 말하는 것을 삼갔으면 하는 마음이 간절하다. "그 사람의 신발을 신어 보지 않고 그 사람에 대해 이야기를 하지 말라."는 인디언 속담이 있다. 경험하지 않은 일엔 단정적으로 말하지 말라는 것이다.

결혼은 일단 해 봐야 한다. 안 하면 나중에 크게 후회하게 된다. 가수 김연자 님이 「아모르 파티」를 부르며 "연애는 필수, 결혼은 선택!"이라고 열창하면 나는 "그건 아닌데." 하고 고개를 내젓는다. '결혼은 필수!'라면 얼마나 좋을까. 결혼은 결코 미친 짓이 아니다. 결혼은 '인륜지대사'다. 그래서 예전에도 집안의 큰 행사였다.

김홍도, 「신행(新行)」

흰 말을 탄 신랑이 혼례를 치르러 기럭아비를 앞세우고 신부의
집으로 가는 일행의 모습을 그린 풍속화. 맨발의 등롱꾼이
청사초롱을 들고 산모퉁이를 돌아 길을 안내하고 있다.

엘리자베스 키스, 「혼인 행렬」

1919년 한국에 여행 온 영국 여류화가 키스가

1921년 겨울 청계천에서

신랑 집으로 가는 광경을 스케치했다.

왼쪽에 동대문도 보인다.

빨래하며 쳐다보는 여인의 모습에 눈길이 간다.

아래는 키스가 그린 신부의 모습.

결혼은 '함께 사는 것'의 시발점

"콩을 심으려면 세 개씩 심게 / 하나는 땅속 벌레의 몫 / 하나는 하늘을 나는 새의 몫 / 나머지 하나는 사람의 몫이라네."

이 카피는 풀무원 창업자의 생각을 옮겨 만든 풀무원의 예전 광고다(정철 『카피책』). 콩 하나에도 세 몫이 있다는 것은 사람에게도 그대로 적용될 수 있다. 사람도 세 몫을 가지고 태어났다고 보는 것이다. '하나는 부모의 몫, 하나는 자신의 몫, 나머지 하나는 후손의 몫'이다.

혼자 사는 사람들은 모든 것이 자신의 몫이라고 생각할 것이다. 그러나 모두가 자신의 몫이 아니다. 부모의 몫도 있고 후손의 몫도 있다. 자신의 몫은 3분의 1이다. 부모의 몫은 과거, 자신의 몫은 현재, 후손의 몫은 미래에 대한 것이다. 여기에 사람 생명의 깊은 뜻이 담겨 있다. 후손의 몫이란 무엇인가? 후손을 낳는 것이다. 그러려면 먼저 해야 하는 것이 결혼이다. 이게 결혼의 당위성이다.

가족 중시 입장에서 말하면 결혼은 최소한 본전은 건지는 것이라고 나는 생각한다. 육아가 힘들고 키움과 교육에 적지 않은 돈이 들어가는 것은 맞다. 하지만 결혼으로 이뤄진 가족 자체가 돈으로 환산할 수 없는 엄청난 자산이다. 노벨경제학상을 받은 미국의 게리

베커는 "경제적으로 각종 비용이 상승해 결혼의 효용이 줄어들어도 가정을 꾸려 자손을 잇는 즐거움을 유지해야 한다."며 결혼을 권장했다.

결혼은 경제적으로도 여러 가지 이득이 된다는 게 경제학자들의 분석이다. 연구 결과도 이를 뒷받침한다. 결혼하면 오래 살고 더 많은 재산을 모을 수 있다는 것이다. 미국에서의 한 조사에서 결혼한 사람과 하지 않은 사람들이 10년 뒤 어느 정도의 재산을 모았는가를 살폈다. 그 결과, 결혼해 가정을 가진 사람들의 재산이 훨씬 많은 것으로 나타났다. 독일의 경제 전문가인 하노 벡은 "결혼으로 얻을 수 있는 경제적 이득은 여러 면에서 많다."고 했다. 서로 보완하는 이른바 '규모의 경제' 효과를 누릴 수 있다는 것이다.

건강하게 오래 사는 것은 모든 인간의 염원이다. 이러한 바람이 결혼을 통해 이뤄진다면 이것이야말로 바로 재산 가운데 가장 값진 무형 재산이다. 의사인 마이클 로이센 교수의 연구에 따르면, 결혼한 남성이 독신 남성보다 평균 10년 더 오래 사는 것으로 밝혀졌다. 누군가는 "인류의 진화는 결혼의 산물"이라고 했다.

부모들은 결혼을 하지 않으려 하거나 못하는 자녀들이 있으면 짐으로 여긴다. 결혼은 하고 싶어도 여건상 못 하는 사람도 적지 않다. 문제는 결혼을 무슨 이유를 대서라도 안 하려고 하는 것이다. 자녀가 결혼하는 것만으로도 부모에게 크게 효도하는 세상이 됐다. 저출산으로 인구가 감소하고 있는 상황에서 출산까지 하면 더없는 애국도 된다. 결혼에 실패했다고 할 정도로 힘들게 사는 부모들도 자기 자녀에 대해선 결혼을 막기보다는 결혼하기를 바란다.

결혼이 아주 중요하기에 러시아엔 "결혼하려면 세 번 기도하라."는 속담이 있다. 결혼은 이 속담도 유념하면서 다음의 다섯 가지를 생각한 후 결정하라고 나는 권면하고 싶다. 자신의 현재를 생각하라. 자신의 부모와 가족을 생각하라. 자신의 미래를 생각하라. 자신이 이 세상을 뜰 때를 생각하라. 끝으로 그 이후를 생각하라고.

결혼은 두 사람이 하나가 되는 것이다. 두 사람이 한 사람보다 나은 것은 두 사람이 하나가 되면 큰 힘이 되고 많은 일을 할 수 있기 때문이다. 무엇보다 아이를 낳는 '아주 큰 일'도 할 수 있다. 스토아학파 철학자인 세네카는 "우리는 개체로서 적합하게 창조된 것이 아니라 전체에 알맞게 태어났다."고 했다. 아파치족 인디언들의 「결혼 축시」와 예언자인 칼릴 지브란의 「결혼에 대하여」에는 결혼에 대한 좋고 새겨 둘 만한 의미가 많이 담겨 있다. 주례사 대신 낭송해 줘도 좋을 것 같다.

아파치족 인디언들의 결혼 축시

이제 당신들은 비를 맞지 않으리라
서로가 지붕이 되어 줄 테니까

이제 당신들은 춥지 않으리라
서로가 따뜻함이 되어 줄 테니까

이제 당신들은 더 이상 외롭지 않으리라
서로에게 동행이 되어 줄 테니까

지금 당신들은 몸은 둘이지만
둘 앞에는 오직 하나의 인생만 있나니

이제 당신들은 보금자리로 들어가
함께하는 날들과
이 대지 위에서 오랫동안 좋은 날을 누리리라
(May your days be good and long upon the earth)

결혼에 대하여

칼릴 지브란

그대들은 함께 태어났으니 영원히 함께하리라

죽음의 흰 날개가

일상을 흩날려 버릴 때라도

하지만 함께 있되 거리를 두라

천국의 바람이 그대들 사이에 춤출 수 있게

서로 사랑하되 그 사랑으로 구속하지는 말라

사랑이 영혼의 해안에서 출렁이는 바다가 되게 하라

서로의 잔을 채우되 한쪽의 잔으로만 마시지 말라

서로가 빵을 나눠 먹되 한쪽의 빵만을 먹지 말라

함께 노래하고 춤추며 즐기되 각자 홀로 있게 하라

비록 같은 음악을 연주할지라도 악기의 현이 달리하듯이

서로 마음을 주되 마음속에 묶어 두지는 말라

오직의 생명의 손길만이 마음을 품을 수 있으니

함께 서 있되 너무 가까이는 하지 말라

신전의 기둥들도 떨어져 있고

참나무와 삼나무도 서로의 그늘 속에선 자랄 수 없느니

애나 모지스, 「시골 결혼식」

동네 사람들이 멋지게 차려입고 나와 젊은 남녀의 결혼을 축하하고 있다.

'모지스 할머니'로 불리는 애나 모지스는 그림을 배운 적이 없으나

76세 때부터 그림을 그리기 시작해 101세로 세상을 뜰 때까지

1,600여 점의 작품을 남겼다. 미국인들에 가장 사랑받는 화가의

한 사람으로, 그의 100세 생일이 '모지스 할머니의 날'로 지정되기도 했다.

결혼하는 것도 '능력'이다

'당신의 능력을 보여 주세요!'

2002년 월드컵 때 한 카드회사의 광고 캠페인이 주목받은 적이 있다. 능력이란 무엇인가? 어떤 일을 해낼 수 있는 힘, 곧 실력이다. 모든 사람은 다양한 능력과 재능을 갖고 있다. 사람마다 수준이 다를 뿐이다. 실행에 옮기지 않으면 그것으로 끝이다.

'능력' 이야기를 꺼낸 것은 이게 결혼과도 맞닿아 있다는 생각에서다. 힘들다며 결혼하지 않으려는 사람이 많기에 역설적으로 '결혼하는 것도 능력'이라고 본 것이다. 예전엔 누구나 쉽게 했던 결혼이 이젠 아무나 하기엔 힘든 것이 돼 버렸다. 인생을 높은 산에 오르는 것으로 비유하자면 요즘 젊은이들이 생각하는 결혼은 가장 올라가기 힘든 '난코스'다. 인생 3막에 들어가는 최악의 코스다. 일단 이 고비를 넘기면 '출산'이라는 4막을 맞게 된다. 이 두 개의 코스만 넘어서면 인생은 순항하게 된다.

혼자 사는 젊은이들은 결혼을 대부분 '안 하는 것이 아니고 못 하는 것'이라고 말한다. '포기할 수밖에 없는 상황'이라고 강변하기도 한다. 하려고 해도 여건과 그럴 상황이 안 된다는 것이다. 여기에서

혼자 사느냐 함께 사느냐

'여건'과 '능력'이 맞닥뜨리게 된다. 이때 여건이 안 되면 능력은 어떻게 되나? 여건이 안 되면 정녕 결혼은 할 수 없는가?

아니다. 여건과 상황이 여의치 않더라도 남이 못 하는 것을 '해내는 것'이 진짜 실력이다. 결혼이 인생에서 아주 중요한 과정인 만큼 하겠다는 생각과 절절함이 있으면 얼마든지 가능한 일이다. 인생은 하고자 하는 노력과 시도의 결과물이다. 매사에 긍정적인 사고를 가진 사람은 발전하고 성장한다. 부정적인 사람은 중도에서 그만두거나 퇴행한다. 생각은 크게 할수록 크게 이루는 법이다.

"체중 빼기에 앞서, 치료하기에 앞서, 자신이 먼저 자신의 몸에 구체적으로 관심을 갖는 노력이 앞서야 합니다."

이는 21년간 비만클리닉을 운영해 온 의사가 이 치료를 받으러 온 사람들에 들려주는 말이다. 결혼에 임하는 자세도 마찬가지다. 결혼을 하느냐 안 하느냐는 자신의 관심 여하에 달려 있다.

젊은이들의 상징과 힘은 '기(氣)'다. 패기와 결기와 용기다. 무엇이든 할 수 있다는 패기가 있어야 한다. '혼살이'를 내려놓는 결기가 있어야 한다. '나도 결혼할 수 있다'는 용기가 있어야 한다. 결혼을 앞두고 망설이고 있는 젊은이들에게 데이비드 그리피스의 「힘과 용기의 차이」라는 글로 응원해 주고 싶다.

힘(strength)과 용기(courage)의 차이

데이비드 그리피스

강해지기 위해서는 힘이

부드러워지기 위해서는 용기가 필요하다

자신을 방어하기 위해서는 힘이

방어 자세를 낮추기 위해서는 용기가 필요하다

이기기 위해서는 힘이

져 주기 위해서는 용기가 필요하다

확신을 갖기 위해서는 힘이

의문을 갖기 위해서는 용기가 필요하다

조화를 이루기 위해서는 힘이

무리의 뜻에서 빠져나가기 위해서는 용기가 필요하다

다른 사람의 고통을 느끼기 위해서는 힘이

자신의 고통을 받아들이기 위해서는 용기가 필요하다

홀로서기를 위해서는 힘이

다른 사람에 의존하기 위해서는 용기가 필요하다

사랑하기 위해서는 힘이

사랑을 받기 위해서는 용기가 필요하다

살아남기 위해서는 힘이

삶을 살기 위해서는 용기가 필요하다

김준근, 「초례(醮禮 : 전통혼례)」

신랑과 신부가 전통 혼례를 치르는 모습을 그린 19세기 말 풍속도.

김준근은 조선의 풍속을 알고자 하는 서양인의 요구에 부응하여

『천로 역정』 등의 삽화를 많이 그렸다.

짝이 됨은 오묘한 자연의 섭리

남자 25,636,951명, 여자 25,802,087명.

2022년 12월 기준 우리나라의 남녀 인구수다. 여자 100명당 남자 99.4명이다. 대충 훑어봐도 남녀의 수가 비슷하다. 어림잡아 1대 1이다. 오래전부터 남녀의 성비(性比)에는 뭐라 말할 수 없는 현상이 오랫동안 지속돼 왔다. 어쩌면 그렇게도 비슷하게 맞춰 남녀 성비가 이같이 유지돼 온 것일까. 해마다 약간의 증감이 있지만 1대1의 큰 구도에서 결코 벗어나지 않는다. 6·25 전쟁 때 많은 남자들이 생명을 잃었다. 한동안 남아 선호로 남자들이 많이 태어나는 변동 요인이 있었다. 그럼에도 이 얼마나 오묘한 조화인가.

남녀가 거의 동수를 유지하고 있는 것은 태생적으로 종족 번식을 위해 모두가 짝을 이루라는 섭리로 나는 생각한다. 동식물도 수컷과 암컷, 수술과 암술이 교합해 새 생명을 낳음으로 유지·번성한다. 이처럼 생물에는 대부분 암수가 있어 짝을 이루도록 돼 있다.

중국 전설에 비익조(比翼鳥)와 연리지(連理枝)가 있다. 비익조는 상상의 새다. 눈과 날개가 하나밖에 없다. 날아가려면 암수가 짝을 이뤄야 한다. 암수 한쪽으로는 불완전하지만 합치면 완전해진다는 뜻이다. 남녀가 짝을 이루는 것이 너무 당연하고 필연적임을 강조하기 위해 이런 이야기가 나왔으리라.

뿌리는 다르지만 가지가 붙어 한 나무처럼 자라는 나무를 연리지라고 한다. 경기도 포천 수원산에 이를 연상시키는 부부 소나무가 있다. 두 그루가 서로 부둥켜안아 마치 한 그루처럼 보인다. 한 나무가 아니라도 진한 부부애를 표상하는 나무로 손색이 없다. 천연기념물 제460호 부부송(松)으로 지정돼 있다.

암수가 있어 종족을 번식시키고 짝을 이루는 것이 자연의 생태다. 인위적으로 그렇게 한 것도 아니다. 사람의 남녀 성비가 맞춤같이 돼 온 것은 우리 인간에게만 주어진 오묘한 특권이다. 이는 모자람이나 남음 없이 모든 남녀에게 짝이 있으니 둘이 짝을 이뤄야 한다는 의미일 것이다. 남녀가 결혼으로 짝을 이뤄 가족을 꾸리는 것이야말로 자연이 인간에게 준 최고 · 최상의 특권이다.

성경에도 짝이 있어야 한다고 가르친다. "여호와 하나님이 이르시되 사람이 혼자 사는 것이 좋지 아니하니 내가 그를 위하여 돕는 배필을 지으리라 하시니라."(「창세기」)고 했다. 한번 짝을 이루면 갈라서지 말라고 강조한다. "이제 둘이 아니요 한 몸이니 그러므로 하나님이 짝지어 주신 것을 사람이 나누지 못할지니라."(「마가복음」).

부부는 '짝'으로 만나는 것이다. 배필(配匹), 배우(配偶)의 配·匹·偶란 한자는 모두 '짝'을 의미한다. 반려자라고 하는 '반려(伴侶)' 역시 '짝이 되는 사람'이란 뜻이다. 짝은 짝이 필요하기에 '가장 알맞은 짝'을 만나는 것이 부부다. 짝은 '당신은 쿵, 나는야 짝'이라는 노래처럼 쿵짝이 잘 맞는다. 이것이 단짝이고 천생연분이다. '짝'과 비슷한 '쌍'이란 말이 있는데 둘 사이엔 좀 차이가 있다. 쌍은 같은 종의 암수가 하나로 묶인 것을 말한다. '짝'이라는 말은 생각도 다르고 성격도 다른 남녀에겐 특별한 의미를 갖는다.

사람의 짝은 서로 돕는 남녀로 이뤄진다. 이게 바로 결혼이다. 이렇게 맺어진 두 사람은 김남조 시인이 "그대만큼 사랑스러운 사람을 본 일이 없다."(시 「편지」)고 말한 것처럼 서로에게 사랑스런 사람들이다. 김 시인이 "너를 위해 나 살거니 소중한 건 무엇이든지 다 주마."(시 「너를 위하여」)라고 다짐한 것처럼 인생을 잘 살 것이다. 이렇게 맺어진 두 사람은 먼 인생 항해를 시작하게 된다.

배는 두 사람이 노를 저어야 균형을 이루며 힘차게 나아갈 수 있다. 독일 서정시인 라이너 쿤체는 "한 사람은 별을 알고 다른 한 사람은 폭풍을 알아 바다를 순항할 것"이라고 읊었다. 별은 방향성을 뜻하면서 인생의 목표점을 암시한다. 그의 시는 두 사람·노·배·폭풍·바다 등 다섯 단어로 응축해 낸 아름다운 시다.

혼자 사느냐 함께 사느냐

노 젓는 두 사람(Rudern Zwei)

라이너 쿤체

두 사람이 노를 젓는다.
한 척의 배를.
한 사람은 별을 알고
한 사람은 폭풍을 안다.

한 사람은 별을 통과하며
배를 안내하고
한 사람은 폭풍을 통과하며
배를 안내한다.

마침내 끝에 이르렀을 때
기억 속 바다는
언제나 파란색이리라.

남남끼리 100만 명이 함께 산다

"우리는 혼자서는 못 살아요."

핏줄이 아니어도 뜻이 맞거나 서로 필요해 함께 사는 사람들이 하는 말이다. 결혼의 필요성을 느끼지 않아 결혼하지 않고 신혼부부처럼 살기도 한다. 가족 부양의 부담이 큰 결혼 대신 동거를 선택하는 연인들도 있다. 혼자 살기가 힘들어 공동생활홈에서 함께 생활하는 사람들도 적지 않다. 완벽한 싱글 라이프를 즐기며 살다가 의기투합해 동거하는 사람도 있다. 학업이나 취업을 위해 가족으로부터 떨어져 나온 사람들이 주거비용을 줄이기 위해 합치는 경우도 있다.

가족이 아닌 남남끼리 함께 사는 비(非)친족 가구가 2022년 50만 가구를 넘었다. 혼인이나 부양 책임 등으로 묶이길 원치 않는 연인, 동성 부부, 마음에 맞는 친구들 간의 동거, 경제적인 이유로 동거하는 가구다. 이렇게 사는 사람들이 큰 폭으로 늘었다. 2022년 현재 109만 명이다. 2015년의 47만 명에 비하면 6년 동안 2배나 증가한 것이다(함께 사는 사람이 6인 이상이면 셰어하우스 또는 집단 가구라 불린다).

이들은 실생활에 불편함이 없고 만족도가 높다고 말한다. 오히려 가족과 생활할 때보다 더 큰 안정감을 느낀다는 사람도 있다. 생활비도 아끼고, 외로움도 없어지고, 의지할 사람이 있으니 서로가 윈윈 하는 삶이다. 결혼하지 않고 함께 사는 동거인이 결혼한 배우자보다 만족도가 높다는 실태 조사 결과도 있다. 2020년 조사에서 동거인에 대한 만족 비율은 63%로, 배우자에 대한 만족도 57%보다 6% 포인트 높게 나왔다.

　비친족 가구 가운데 눈에 띄는 동거 케이스가 있다. 카피라이터인 김하나 작가와 시인이며 수필가인 황선우 작가의 조합이다. 결혼하지 않은 두 여자가 함께 사는 것이다. 이들은 1인 가구와 2인 가구의 장점을 모두 취한 '2인 공동체 삶'을 산다. 한 살 차이인 이들은 두 사람이 고양이 네 마리와 함께 살며 일어나는 에피소드를 담은 『여자 둘이 살고 있습니다』란 책을 냈다. 새로운 주거 형태에서의 동거기(記)를 각각의 시선으로 산뜻하게 풀어낸 책이다.

　두 사람은 삶의 스타일은 다르지만 서로 맞춰 가며 산다. 40년에 걸쳐 쌓아 온 생활 습관 때문에 다툼이 일 때도 잦다. 하지만 서로의 다름을 이해하고 받아들인다. 이를테면 김 작가는 설거지, 청소와 정리, 빨래 개기를 즐긴다. 반면 황 작가는 사람과, 각종 요리와 어지르기, 빨래 돌리기를 좋아한다. 이렇게 다르면서도 이들에겐 영화 관람과 독서를 즐기고 술도 좋아하는 공통점도 많다. 김 작가는 이러한 자신들의 동거를 '분자 가족'의 탄생이라고 말한다.

"1인 가구는 원자와 같다. 물론 혼자 충분히 즐겁게 살 수 있다. 어떤 임계점을 넘어서면 다른 원자와 결합해 분자가 될 수 있다. (…) 이를테면 우리 가족의 분자식은 W2C4(W여자 C고양이)쯤 되려나. 여자 둘 고양이 넷, 지금의 분자 구조는 매우 안정적이다."

가족을 만들기 위해 친구를 딸로 입양한 사례도 있다. 비혼주의자인 은서란 작가는 2022년 5월, 5살 아래인 친구를 '딸'로 들였다. 은 작가가 응급실에 갈 일이 몇 번 생기면서 법적 보호자가 필요함을 절감했기 때문이다. 이미 함께 살며 실질적으로 보호자 역할을 하고 있었지만 정작 입원 등 중요한 때에 그렇게 할 수 없었다. 그래서 입양으로 '법적 가족' 구성 요건을 갖춘 것이다.

결혼과 혈연으로 맺어지지 않았더라도 함께 살면 가족이다. 한국여성정책연구원이 성인 남녀 2,000명을 대상으로 한 설문조사에서 62.7%가 가족의 범위를 사실혼에 비혼과 동거로까지 확대하는 데 동의한다고 답했다. 혼자 사는 사람이 크게 늘고 있는 상황에서 비친족 가구의 증가는 아주 바람직한 현상으로 볼 수 있다. 더욱 권장해야 한다. 생활 안전망 역할을 톡톡히 하고 있기 때문이다. 이게 함께 사는 힘이다.

힘들지 않은 것은 이 세상에 없다

"노는 것도 힘들다!"

호캉스를 즐기다던 한 젊은이가 인터넷에 올린 이 글을 보고 순간 어안이 벙벙했다. 웬만한 부자가 아니면 하기 어려운 호식에 휴식을 취하면서 이런 배부른 소리를 하다니! '힘들다'는 이 말은 아무 때나 마구 쓰면 안 된다. 어렵고 고된 일을 할 때만 써야 한다. 그런데 요즘 젊은이들은 걸핏하면 '힘들다'고 말한다.

세상 살기란 어느 때고 누구한테도 힘들다. 사실 사람의 일생은 힘든 일의 연속이다. 태어나서 부모의 보살핌을 수년간 받는 것을 제외하고는 다 그렇다. '~하는' 순간부터 힘들다는 '~난(難)'이 시작된다. 예전에도 그랬고 지금도 그렇다. 요즘 젊은이들은 '힘들다'는 말을 입에 달고 산다. 물론 힘든 일이 실제로 많아서 그럴 수도 있다. 10여 년 전 『아프니까 청춘이다』라는 책이 나와 큰 반향을 일으켰다. '아프니까'는 '힘드니까'보다 상황이 훨씬 안 좋은 것을 뜻한다. 특히 2030 세대들이 힘들 것이다.

우리 주변엔 힘들게 일하고 고생하는 사람들이 많다. 노숙하는 사람도 있고, 힘들다는 3D 업종에 근무하는 사람도 많다. 투 잡은 보통이고 쓰리 잡을 하는 사람들도 적지 않다. 수당이라도 더 받기 위해 야근을 자원하는 사람들도 있다. "눈물 젖은 빵을 먹어 보지 않은 사람과 인생을 논하지 말라."는 말도 그래서 나왔을 것이다.

지금의 젊은이들은 내가 그 나이였을 때보다 훨씬 잘살고 잘 먹는다. 취업 외에는 전반적으로 여건도 좋다. 나를 포함한 대부분의 부모 세대는 젊었을 때 힘들게 일하며 결혼해 가정을 꾸렸다. 힘들게 아이들을 낳아 힘들게 키웠다. 힘들게 교육시켰다. 그럼에도 이를 당연한 것으로 받아들였고 힘들다거나 귀찮게 여기지도 않았다. '힘들다'는 말은 입 밖에 올리지조차 않았다. 속으로 삭였다.

이에 "그때는 그때고 지금은 지금"이라고 말할지 모른다. 하지만 내가 보기엔 너무 기대치가 높은 데다 의지가 나약하고 노력이 부족해서 그런 것이 아닌가 싶다. 실제로 자신이 자는 방 하나 제대로 치우지 않으면서 세상 탓만 하며 살기 힘들다고 말하는 젊은이들이 적지 않다. 물론 힘들 요인들이 없는 것도 아닐 터다.

힘들다고 하는 사람에 들려주고 싶은 명구가 있다. '얼굴을 들어 하늘에 하소연하니 하늘 역시 힘들다 하네(仰面問天天亦苦).'라는 말이다. 예전 중국 명나라 때, 사는 것이 힘들어 죽겠다고 푸념하는 젊은이에게 한 시인이 대꾸해 줬다는 구절이다. 하늘조차 힘들다고 하면 이 세상 어디에 힘들지 않은 것이 있겠는가. 이 세상엔 아픔이 없는 사람도 없다.

'No Rain, No Flowers(비를 맞지 않고 피는 꽃은 없다).'

나는 '힘들다'고 말하는 젊은이들에게 2023년 윔블던 대회 여자 단식에서 우승한 체코의 마르케타 본드로우쇼바(24) 선수의 이야기를 들려주고 싶다. 그는 뛰어난 신체적 조건과 재능을 타고났지만 잦은 부상에 시달렸다. 출전 여부에 따른 불안감과 압박에 견디기가 힘들었다. 그는 이를 이겨 내기 위해 이 말을 팔에 새겼다고 한다.

'No Pain, No Gain(고통이 없으면 얻는 것도 없다).'

2019년 대학수학능력시험에서 만점을 받아 화제가 된 김해외고 송영준 군도 그랬다. 식당 아르바이트를 하는 홀어머니 밑에서 학업을 계속한 송 군은 이런 좌우명을 써 붙이고 공부에 매진했다. 그는 가정 형편상 사교육을 전혀 받지 못했다. 127명 중 126등으로 입학했지만, 끈질긴 노력으로 3년 만에 이런 기적을 이뤄 냈다.

세계적인 발레리나로 성공한 강수진 님의 발은 어떤가? 세상에서 가장 아름답게 춤을 추는 그녀의 '곱던 발'은 가장 '미운 발'이 됐다. '강철나비'라는 별명이 붙을 만큼 피나는 연습 끝에 그렇게 된 것이다. 우리나라의 국위를 떨친 방탄소년단(BTS)을 보자. 그들의 오늘이 있기까지는 대표곡 중 하나인 「피 땀 눈물」과 같이 지난 10년간 피와 땀과 눈물을 흘린 노력이 있었다. 올림픽에서 금메달을 딴 선수치고 혹독한 훈련 없이 우승한 사람은 없다.

히말라야 14좌를 완등한 산악인 한왕용 님도 "히말라야를 오르는 것보다 세상 속에서 살아가는 것이 더 힘들다."라고 했다. 이런 사례들은 '노력해도 안 된다'며 자조하는 청년 세대가 만든 '노오력'이라는 말을 부끄럽게 만든다. 세상에 쉬운 건 없다. 세상에 공짜는 없다. 이는 만고의 진리다. 무위도식하며 최고로 편하게 살 수 있는 '재벌 백수'는 환상 속에나 있다.

"나라를 위해 뛰는데 '힘들다는 것은 핑계'일 뿐이다."

2024년 2월 3일 아시안 축구 게임 호주와의 8강전에서 손흥민 선수는 연장전 접전 끝에 역전승한 후 이런 말을 남겼다. 실력과 인성을 두루 갖춘 손흥민 선수다운 이 말, 울림이 크다. 나에겐 이 말이 '나를 위해 사는데 힘들다는 것은 핑계일 뿐이다'로도 들렸다.

거듭 말하지만 세상엔 힘들지 않은 일이 없다. 도종환 시인은 "흔들리지 않고 피는 꽃이 어디 있으랴."(시 「흔들리며 피는 꽃」)라고 했다. 힘들다는 젊은이들에겐 류시화 시인의 시 「꽃샘바람에 흔들린다면 너는 꽃」이 조금의 위안이 될 것이다.

혼자 사느냐 함께 사느냐

꽃샘바람에 흔들린다면 너는 꽃

류시화

꽃샘바람에 흔들린다면

너는 꽃이다

모든 꽃나무는

홀로 봄앓이하는 겨울

봉오리를 열어

자신의 봄이 되려고 하는

너의 전 생애는

안으로 꽃 피려는 노력과

바깥으로 꽃 피려는 노력

두 가지일 것이니

꽃이 필 때

그 꽃을 맨 먼저 보는 이는

꽃나무 자신

꽃샘추위에 시달린다면

너는 곧 꽃 필 것이다

'사람'을 남기고 가야 한다

'먹는 것이 남는 것.'

우리는 먹으면서 느끼는 소감을 흔히 이렇게 말한다. 맞는 말이다. 십수 년 전 아내를 동반하고 직장의 옛 동료들과 아주 이른 새벽에 눈 오는 태백산을 오른 적이 있다. 오전에 산행을 마치고 내려와 음식점을 찾는데 눈에 확 띄는 곳이 있었다. 옥호 옆에 '먹는 것이 남는 것'이란 글귀를 써 붙인 음식점이었다. 이 글귀에 끌려 일행은 주저 없이 이 음식점으로 들어갔다. 나는 그때 산행을 계기로 이 세상을 뜰 때 '무엇을 남기고 갈 것인가'에 대한 생각을 많이 하게 됐다.

'남기고 갈 것은 무엇인가?'

사람이 생을 마감할 때 무엇을 남기느냐는 아주 중요하다. 이 세상에 태어난 이상 무언가는 남겨 놓아야 한다. 바로 사람이다. 보통 남기고 간다 하면 재물을 먼저 연관 지어 생각한다. 하지만 사람보다 더 소중한 존재는 없다. 남긴다면 독립심을 해치지 않을 정도의 재산, 삶의 지혜, 독립심, 아름다운 추억 등이면 되지 않을까.

사람이 살다 보면 타인의 도움이 절실하고 불가피한 경우가 수없이 생긴다. 혼자 사는 사람에게는 더 말할 것 없다. 돈이나 다른 사람의 도움으로 해결할 수도 있지만 자신이 아니고는 해결할 수 없는 일들도 많다. 자신의 삶을 누가 대신해 줄 수 없는 최악의 상황이 언젠가는 온다. 이때 자손이 없다면 보통 문제가 아니다.

요즘 젊은이들은 '나 하나 살다 가는 것'으로 족하지, 아이를 왜 낳아야 하느냐는 생각을 많이 갖고 있다. 그렇지만 앞서 여러 번 언급했던 대로 사람은 후손을 둬야 여러모로 좋다. 할 수 있는 것을 안 하거나 못 하는 데 문제가 있는 것이다. 결혼만 하면 얼마든지 자녀를 둘 수 있는 것 아닌가.

후손을 두기 위해 외국에선 대리모를 통한 출산도 이따금씩 이뤄진다. 2019년 브라질에선 어머니가 동성애자인 아들의 대리모가 되어 아들의 딸 쌍둥이를 낳았다. 대리모를 구하는 게 여의치 않자 어머니가 먼저 손을 내민 것이다. 2022년 6월에는 미국의 50대 여성이 불임인 딸의 대리모로 손녀를 낳았다. 딸이 오랜 노력에도 임신할 수 없게 되자, 딸의 난자와 사위의 정자를 수정해 자신의 자궁에서 자라게 한 것이다. 2022년 3월엔 일론 머스크 테슬라 CEO도 대리모 출산으로 아들을 두었다.

이런 대리모 출산은 우리나라에서도 언젠가는 나올 것이다. 그러나 어떠한 이유로 자녀가 아이를 낳지 못한다 하더라도 대리모 출산은 국민 정서나 윤리적으로 부정적일 수밖에 없다. 생명과학의 발달로 인공자궁을 통해 아이를 생산하는 것이 상상이 아닌 현실로 성큼 다가오고 있다. SF 소설이 아니다. 이 역시 몹시 꺼림직한 일이다.

후손을 남기기 위해 부부 사이에 손(孫)이 없으면 예전엔 씨받이로 후손을 낳게 했다. 첩을 두기도 했다. 지금도 가까운 형제의 자녀를 양자 삼아 대를 잇게 하기도 한다. 씨받이는 근래 들어서는 거의 찾아보기 힘들게 됐다. 이를 영화화한 작품이 「씨받이」다.

인생은 '빈손으로 왔다가 빈손으로 간다'는 말이 있으나 '빈 손(孫)'으로 가서는 안 된다. 자신이 이 세상에 살고 갔다는 것을 증명할 수 있는 그 뭣을 꼭 남겨 놓고 가야 한다. 가장 확실한 것이 자신의 핏줄이다. 미국 시인 랠프 에머슨은 "자기가 태어나기 전보다 세상을 조금이라도 살기 좋은 곳으로 만들어 놓고 떠나는 것"이 성공이라고 했다. 그 예로 든 것의 하나가 '건강한 아이를 낳는 것'이다. 사람이 남길 수 있는 가장 소중한 것은 역시 사람이다. 자신의 인생 버킷 리스트에 결혼과 출산이 꼭 들어가야 한다.

여러분은 무엇을 남기고 가겠습니까?

무엇이 성공인가

랠프 에머슨

자주 많이 웃는 것

현명한 이들에게 존경받고

아이들에겐 사랑을 받는 것

정직한 비평에 감사하고

거짓된 친구들의 배신을 참아 내는 것

아름다움이 무엇인지 이해하고

다른 사람의 좋은 점을 찾아내는 것

건강한 아이를 낳든

한 뼘의 정원을 가꾸든

사회 환경을 개선하든

자기가 태어나기 전보다

세상을 조금이라도 살기 좋은 곳으로

만들어 놓고 떠나는 것

자신이 한때 이곳에 살았음으로 해서

단 한 사람의 삶이라도 평안하게 해 주는 것

이것이 바로 성공이다

혼자 사느냐 함께 사느냐

태어나는 아이는 '보물이' 된다

금쪽이!

모든 부모들에게 자녀는 '금쪽이'다. 금쪽이란 말은 종편인 채널A에서 「금쪽같은 내 새끼」란 프로그램을 내보내면서 아주 귀한 자녀를 비유하는 말로 굳어졌다. 실제로도 지금 태어나는 아이는 그 자체로 금쪽이다. 극한 저출산 덕에 귀한 존재가 됐기 때문이다. 한 해 태어나는 아이는 2023년 들어 20만 명 선이 무너졌다. 2012년 48만여 명에서 10년 만에 반절도 안 될 정도로 줄었다. 그만큼 희소가치가 높아졌다. 한 명 한 명이 너무 귀하다.

예전에도 손(孫)이 귀한 집안에 아기가 태어나면 더없이 좋아했다. 조선 후기 문인인 박지원은 손자가 태어났다는 전갈을 받자 아들 종의에게 이런 편지를 보냈다. '초사흘에 관가의 하인이 기쁜 소식을 가져왔구나. 응애응애 하는 소리가 종이에 가득하다(呱呱喤喤 厥聲滿紙).' 손주의 울음소리가 얼마나 좋았으면 이랬을까! 영국 시인 윌리엄 블레이크가 갓 태어난 어린아이를 두고 "내 이름은 '기쁨이(Joy)'."라고 읊은 것도 이런 심정을 표현한 것일 테다.

아이들을 키우려면 귀찮기도 하고 힘도 많이 든다. 돈도 많이 들어간다. 나는 맞벌이하는 자녀를 돕느라 외손주 넷을 아내와 번갈아 가며 키웠다. 이때 얼마나 많은 돈이 들어갔는가를 대충 계산해본 적이 있다. 이것저것 계산해 보니 실제로 놀랄 만한 액수가 나왔다. 아이들이 '돈덩어리'라는 말이 실감 났다. 그러나 요즘은 나라와 지자체에서 출산에서 육아에 이르기까지 많은 지원을 해 준다. 일부 지자체에선 아이가 태어나면 5,000만 원을 주는 곳도 있다. 부영그룹에선 무려 1억 원을 준다. 돌봄에 대한 제도와 지원은 예전에 비해 획기적으로 개선됐다. 이젠 아이를 낳기만 하면 된다. 사람이 귀해진 만큼 앞으로 취직도 어렵지 않게 될 것이다. 청년이 될 즈음엔 주택이 남아돌아 집 마련도 쉬워질 전망이다.

이제 '돈덩어리'가 '금덩어리'가 되는 세상이 왔다. 태어나는 아이는 돈으로 환산할 수 없는 귀한 존재다. 우리나라의 '애국이'다. 요즘처럼 한 명의 아이도 절실한 상황에서는 '애국이'란 이름이 딱 제격이다. 요즘 자녀에 대한 책임 의식으로 자녀에게 자신보다 더 나은 환경을 만들어 줘야 한다는 생각에서 아이를 안 낳는다는 사람이 많다. 앞으로 출산과 육아환경이 좋아지면 이런 부정적인 의식이나 출산 저해 요인도 점차 해소될 것으로 보인다. 아무쪼록 혼자 사는 젊은이들이 결혼해서 '금쪽이'를 많이 낳았으면 좋겠다. 낳아 놓으면 '복덩이'가 되고 '기쁨이'가 될 것이다. 이런 기대를 하면서 윌리엄 블레이크의 시를 올린다.

어린이의 기쁨

윌리엄 블레이크

나는 아직 이름이 없어요

태어난 지 이틀밖에 안 돼요

너를 뭐라고 불러야 하니?

"난 행복해요

'기쁨이' 제 이름이랍니다(Joy is my name)"

달콤한 기쁨이 네게 있을지어다

아름다운 기쁨이여!

달콤한 기쁨이여,

태어난 지 이틀밖에 안 돼요

달콤한 기쁨이라 이름 부르자

아가야 웃어 보아라

노래를 불러 줄게

달콤한 기쁨이 네게 있을지어다

소장 불명, 1890년경

메리 카사트, 「젖 먹이는 엄마」

엄마와 눈을 마주하고 젖을 만지며 빠는 아이의 표정이 사랑스럽다.

미국의 인상파 화가인 카사트는 엄마와 아이들을 위한 그림을 많이 그렸다.

엄마와 아기 간의 섬세한 감정을 그려 낸 작품들로 유명하다.

생각을 바꾸니 인생이 달라졌다

비혼(非婚)주의자가 결혼을!

필자가 이 책의 원고를 최종 마무리할 즈음인 2024년 2월에 좋은 소식이 들렸다. 131만 명의 구독자를 두고 있는 유명한 유튜버 랄랄(본명 이유라)이 자신의 인스타그램을 통해 혼전 임신과 결혼 사실을 알린 것이다. 그는 "비혼주의를 외치던 제가 결혼을 결심하고 엄마가 됐다."면서 "결혼 안 한다는 놈들이 제일 먼저 간다더니, 이런 나도 내가 믿기진 않지만 오랜 시간 교제하며 배울 점이 많고 나보다 성숙한 사람과 평생을 함께하고 싶다는 생각을 하게 됐다."고 고백했다. 생각이 180도 바뀐, 이른바 전향(轉向)이다. 그는 "제 스스로 결혼해서는 안 되는 사람이라고 생각하고 결혼에 대해 부정적이었고 평생 자신만을 위해 살고 불필요한 희생은 절대 하고 싶지 않았다."고 그간의 심경도 밝혔다.

나는 그가 "사람은 경험하는 만큼 성장하고 더 넓은 세상을 볼 수 있다."고 말한 대목에 주목한다. 살면서 배울 점은 다른 사람의 경험이다. 그래서 경험은 중요한 것이다. 가수 노사연 님은 "내가 태어나서 가장 잘할 일이 우리 아들을 낳은 일"이라면서 주위에 아이를 낳으라고 권면한다. 그는 "아이를 낳고 키우는 게 고생스러워 보이지만 그 속에 기쁨이 있다."며 "눈망울을 보면 내 목숨까지 주고 싶은 그런 사랑이 흐를 수 있는 게 자식"이라고 했다.

배우 이하늬 님과 소설가 김별아 님도 이에 못지않다. 이하늬 님은 "내가 이렇게 경이로운 존재를 낳았다니!" 하고 놀란다면서 "결혼과 출산은 여자에게 너무 좋은 기회인 것 같다."고 말했다. 그는 "아이를 키우는 일이 숨이 깊게 쉬어질 정도로 책임감이 무겁다."면서도 그럼에도 한 번쯤 해 보라고 권했다. 김별아 님도 "아이가 아니었다면 나는 빙그레 머금는 웃음에 온 세상이 환해지는 경험을 못했을 것"이라고 말했다. 그는 이어 "아이가 아니었다면 불편한 양육의 번거로움이 가르쳐 주는 숭고한 희생의 정신을 알지 못했을 것"이라고 했다.

이들은 경험을 통해 결혼과 출산 전도사의 역할을 톡톡히 하고 있다. 내가 신문에 난 것을 책에 다시 소개하는 것은 혼자 사는 젊은이들이 이들의 경험담을 귀담아들었으면 간절한 바람에서다. 경험처럼 산 증거는 없다. 물론 이들이 경험했던 것과는 다른 부정적인 것들이 얼마든지 있을 수 있다. 하지만 분명한 것은 생각이 바뀌면 삶이 달라진다는 점이다. 랄랄 이전에도 비혼주의자가 결혼을 한 사례는 더 있다. 랄랄을 시작으로 제2, 제3의 랄랄이 계속해서 나왔으면 좋겠다. 랄랄의 이번 전향이 갈수록 심각해지고 있는 저출산에 희망의 불씨가 됐으면 하는 마음 간절하다.

혼자 사느냐 함께 사느냐

'나' 하나 달라지면 세상이 바뀐다

'~산다'

우리말에는 어떻게 사는지에 대해 다양한 표현이 있다. 아무 생각 없이 산다, 별생각 없이 산다, 그럭저럭 산다, 되는 대로 산다, 어영부영 산다, 덮어 놓고 산다, 정신없이 산다, 대충대충 산다, 건성건성 산다, 적당히 산다, 될 대로 돼라 하고 산다, 에라 모르겠다 하고 산다 등등…. 이런 식으로 살면 인생이 어떻게 될까?

혼자 사는 것만 해도 그렇다. 뚜렷한 소신을 가지고 처음부터 혼살이를 택한 사람도 있다. 물론 혼자서 잘 사는 사람도 적지 않다. 하지만 내가 보기엔 별생각 없이 혼자 사는 젊은이들이 너무 많은 것 같다. 그러면 되는 대로, 적당 적당히 살게 될 가능성이 매우 높다. 그런데 삶이란 결코 그렇게 만만한 게 아니다.

삶이란 예측 불가능하다. 한 가지 분명한 것은 자업자득이라는 것이다. 생각하고 살면 생각대로 거둘 수 있다. 그러나 생각 없이 살면 결과가 좋을 리 없다. 이는 자신이 책임져야 한다. 나는 혼자 살지 말라고 설득하는 것이 힘들다는 점을 뻔히 안다. 그럼에도 혼자 살지 말라고 강조하는 것은 끝까지 혼자 살면 끝이 안 좋을 가능성이 많기 때문이다. 삶의 중요한 단계마다 성찰을 통해 자신의 생각을 바꾸지 않으면 안 된다. 공자도 예순이 될 때까지 무려 예순 번이나 생각을 고쳤다고 한다.

인생은 목적도 중요하지만 과정도 중요하다. 연습도 없고 연장전도 없다. '한 번'으로 끝난다. 자신의 삶은 누가 대신해 줄 수 없기에 혼자 사는 것에 대해 다시 한번 생각해 봐야 한다. 무엇보다 남들의 생각과 남들의 행동에 자신의 삶을 맡겨서는 안 된다. 다른 사람의 기준이 아니라 내 주관과 기준에 따라야 한다. 또 잘못된 길로 가고 있는 것이라고 생각되면 바로 생각을 바꿔야 한다.

바꾸는 것이 어렵더라도 바꿔야 할 것은 바꿔야 한다. 먼저 나 자신부터 변해야 한다. 일찍이 이슬람의 신비주의 종파인 '수피'의 지도자였던 바야지도 바스타미(804~874)는 자신의 변화에 대해 다음과 같이 말했다.

"내가 젊었을 때는 세상을 변화시킬 힘을 달라고 기도했다. 중년이 됐을 때는 내 친구들과 가족을 변화시켜 달라고 기도했다. 그러나 노년이 된 지금 나는 나 자신을 변화시켜 달라고 기도한다. 만약 처음부터 이런 기도를 드렸다면 아마 내 인생은 훨씬 달라졌을 것이다."

그렇다. '나' 한 사람이 변하면 많은 것이 달라진다. 과거를 바꾸는 일은 내 힘으로 할 수 없다. 하지만 현재와 미래를 바꾸는 것은 얼마든지 가능하다. 나 하나쯤이야 하고 지나갈 일이 결코 아니다. 지금 저출산 문제는 보통 일이 아니다. 하나가 변하면 열이 변하고, 열이 변해 백이 되고, 천이 되고 만이 되지 않는가. 바꿔야 한다는 것을 느끼면서도 언젠가는 바꿀 거라고 적당히 넘어가는 것도 문제다. 바꾸려면 바로 지금부터다. 나부터다.

'나' 한 사람의 변화가 가져다주는 힘은 엄청나다. 나태주 시인은 "한 개의 새싹 촉 끝에 세상을 끌어올리는 힘이 있다."(시 「촉」)고 했다. 또, "꽃 한 송이가 피었습니다. 지구 한 모퉁이가 밝아졌습니다."(시 「시」)라고 읊었다. 미국 가수 레이첼 플랫튼은 "바다 위의 작은 배가 거대한 파도를 일으킨다."(「Fight Song」)고 노래했다. 류시화 시인은 "삶을 꽃피우는 방법에는 두 가지가 있다. 하나는 스스로 꽃을 피우는 일이고, 또 하나는 다른 사람의 삶이 꽃 피어나도록 돕는 일이다. 당신도 누군가를 꽃 피어나게 할 수 있다."(책 『내가 생각한 인생이 아니야』)고 했다.

앤디 워홀의 꽃 그림은 보는 것만으로도 마음이 환해진다. 혼자 사는 여러분은 꼭 피어야 할 꽃들이다. 어서 피어 세상을 달라지게 만들어야 한다. 조동화 시인의 시 「나 하나 꽃피어」처럼 '나 하나 맘 바꿔' 자신도 살고 인구재앙을 막아 나라도 살려야 한다.

나 하나 꽃 피어

조동화

나 하나 꽃 피어

풀밭이 달라지겠냐고

말하지 말아라

네가 꽃 피고 나도 꽃 피면

결국 풀밭이

온통 꽃밭이 되는 것 아니겠느냐

나 하나 물들어

산이 달라지겠냐고도

말하지 말아라

내가 물들고 너도 물들면

결국 온 산이

활활 타오르는 것 아니겠느냐

혼자 사느냐 함께 사느냐

팝아트로 유명한 워홀이 인쇄기술인 실크 스크린 기법으로

핑크 · 옐로우 등 심플한 색깔로 화사한 꽃을 그려 냈다.

부딪쳐라 그리하면 이뤄질 것이다

'해 봤더니 안 되더라', '해 보기도 전에 못 하겠다.'

이 두 말에는 엄청난 차이가 있다. 결혼하지 않고 혼자 사는 사람들 가운데는 '해 봤더니 안되더라'는 사람은 얼마 안 된다. 대다수가 '해 보기도 전에 못 하겠다'며 그만둔다. 포기하기도 한다. 사람 일이란 해 보지 않고는 어떻게 될지 모른다. 해 보지도 않고 못 하겠다고 하면 어쩌란 말인가. 혼자 사는 젊은이들에게 결혼이 바로 그렇다.

시작도 하기 전에 준비가 안 돼 결혼을 못 하겠다는 젊은이들에게 들려주고 싶은 말이 있다. 중국 고전인 『대학』에 나오는 '자식 낳고 기르는 법을 배운 후에 시집가는 여자는 없다(未有學養子而後 嫁者也)'는 말이다. 사람 일에는 때가 있는 법이어서 해야 할 시기에 하는 게 맞다. 결혼이 바로 그런 것이다.

나는 살 집 등 모든 준비를 끝내고 결혼하지 않았다. 결혼 후 지하방에서 전세로 살면서 아이를 낳고 키웠다. 그 후 단독주택을 마련하고 아파트로 이사했다. 살면서 준비하고, 준비하며 살았다. 우리 아이들도 이런 과정을 거쳐 결혼했다.

혼자 사느냐 함께 사느냐

앞서 이야기했지만, 인생이란 삶을 사는 것이다. 또 삶의 진정한 의미는 목적 있는 삶을 사는 것이다. 한 사람의 인생에서 결혼이란 매우 중요한 것이기에 결혼이 삶의 중요한 목적이 돼야 한다. 이를 이루기 위해서는 부단히 추구하고 행동으로 옮겨야 한다. 이에 살이 되는 좋은 말씀이 성경에 있다. "구하라 그리하면 너희에게 주실 것이요, 찾으라 그리하면 찾아낼 것이요, 문을 두드리라 그리하면 너희에게 열릴 것이니라"(「마태복음」).

『맹자』「진심상(盡心上)」에도 이와 비슷한 가르침이 나온다.

"구하면 얻고 내버려 두면 잃는다(求則得之 舍則失之). 구하는 것이 얻는 데 유익한 것은 구하는 것이 나에게 있는 것이기 때문이다(是求有益於得也 求在我者也). 구하는 것이 얻는 데 무익한 것은 구하는 것이 내 밖에 있는 것이기 때문이다(是求無益於得也 求在外者也)."

얻고 잃음이 자신의 노력 여하에 달려 있고, 구하지 않는 데서 오는 이롭지 않음은 전적으로 자신의 책임이라는 뜻이다.

모든 일을 행동으로 옮겨 실제로 맞닥뜨려야 이뤄진다. 삶의 현장에서 인생을 경험한 도배사 배윤슬 작가는 이렇게 말한다.

"이 세상에서 생계유지를 위해서는 쉽지 않은 일을 해야만 한다. 생계를 유지한다는 것은 대단한 일이다. 힘들고 포기하고 싶을 때 이게 버티게 하는 용기를 준다. 취미나 멋으로, 혹은 다른 목적으로 이 일을 시작했다면 한 달도 버텨 내지 못했을 것이다."

옛날 한 청년이 어떻게 하면 성공할 수 있는지 물었다. 이때 스승이 '실패'를 화두로 해 준 답변은 젊은이들에게 많은 참고가 될 것이다. "세상에는 세 가지 실패가 있다네. 성공하기 위해서는 반드시 실패를 알아야 해." "세 가지 실패는 무엇인가요?" "첫 번째 실패는 하기 싫은 일에서 성공하는 것이야. 두 번째 실패는 하고 싶은 일에서 실패하는 것이지. 세 번째 실패는 아무것도 하지 않는 것이라네." 스승은 "아무것도 하지 않으면 인생을 낭비한 책임을 져야 해. 이게 가장 치명적인 실패지."라고 힘주어 말했다고 한다.

인생을 보람되게 살기 위해서는 끈질긴 시도와 해냄이 필요하다. 100세 시대를 맞아 짧고 굵게 아니라, 길고 굵게 잘 살기 위해서다. 이렇게 하려면 자신의 삶에 터닝 포인트가 있어야 한다. '혼살이 엑시트(EXIT)', 바로 이것이다.

"고통의 끝에 문이 있었다."
2020년 노벨문학상을 받은 미국 시인 루이즈 글릭의 시 「야생 붓꽃」은 이렇게 시작한다. 이 시구를 혼자 사는 젊은이들에게 다음과 같이 고쳐 들려주고 싶다. '혼살이 끝에 함살이 문이 있었다'.

내 인생은 내가 만들어 가야 한다

사람….

사람이란 말은 '살다'에서 나왔다. '살다'의 어간 '살'에 명사형 'ㅁ'이 붙어 '살음, 살옴, 살암' 등으로 불리다가 '사람'으로 굳어진 것으로 볼 수 있다. '삶'이란 말도 '살다'에서 파생된 말이다.

산다….

사람에게 '산다'는 것은 아주 중요하다. 사람이 사는 것은 다른 동물이 사는 것과는 다르다. '산다'는 것은 곧 '한다'는 것이다. 무언가를 만들어 내고 창출하는 능력을 갖고 있기 때문이다. 그래서 할 수 있는 것은 다 하고 살아야 한다. 만남, 사귐, 연애, 결혼, 출산 등 모든 것들이 제대로 사는 삶의 과정이고 결과물들이다. 이게 제대로 사는 인생이다.

삶….

사람들은 자신이 삶의 주체인데도 자기 자신은 빼 버리고 남 이야기하듯 하는 경향이 있다. '자신의 늙음을 가장 늦게 아는 사람은 자기 자신'이라는 말이 있다. 그래서 혼자 사는 사람들은 '왜 혼자 사는가?'에 대해 자신에게 물어봐야 한다.

'우리는 어디서 왔는가, 우리는 무엇인가, 우리는 어디로 가는가?'

폴 고갱은 그의 그림(207쪽에 실림)을 통해 이렇게 '인생'을 묻는다. 인생이 어떻게 시작되고 어떻게 끝나는가를 묻는 것이다.

'너 하나 나 하나는 어디서 무엇이 되어 다시 만나랴.'

김광섭 시인은 「저녁에」라는 시에서 만남을 묻는다. 무엇이 되어 다시 만나랴는 것이다. 사람 간의 소중한 인연을 상기시킨다.

"우리 만남은 우연이 아니야."

노사연 가수는 만남이 운명임을 노래한다(노래 「만남」). "우리의 바램(바람)이었어."라며 애절해한다. 사람 사는 세상에서 바람과 만남은 참 중요하다. 바람은 삶의 원동력이고 만남은 관계의 시작이다.

"날마다 만나고 싶습니다."

용혜원 시인은 만남의 바람을 읊는다. "뒤돌아서면 보고 싶고 홀로 있으면 그리워진다."(시 「만나면 만날수록」)며 간절해한다. 만나면 만날수록 보고 있으면 보고 있을수록 기쁘다는 것이다.

만남….

운명적인 만남을 통해 인생의 꽃을 피운 화가가 있다. 색채의 마술사로 불리는 마르크 샤갈이다. 그는 20대 초반에 고향에서 9살 어린 소녀 벨라 로젠벨트를 만난다. 벨라는 샤갈의 도반이 되고 뮤즈

혼자 사느냐 함께 사느냐

가 되어 샤갈의 작품 세계에 지대한 영향을 미쳤다. 샤갈은 벨라에 대한 사랑을 그림으로 표현했다. 그는 "인생과 예술의 의미를 주는 유일한 색채는 바로 '사랑'이라는 색"이라고 했다. 샤갈이 그린 「에펠탑의 신랑 신부」는 벨라와의 '만남의 열매'다. 그런가 하면 조선시대 신윤복이 그린 「월하정인」은 젊은 남녀의 '만남의 한 장면'이다.

만남은 상대가 있어야 한다. 이성과의 만남은 함께하는 첫 단계다. 만날 상대가 없으면 만들어서라도 만나야 한다. 그렇지 않으면 '만남 →교제(연애)→결혼→출산'이란 선순환 과정이 이뤄지지 않는다. 아무것도 하지 않으면 아무것도 이뤄 낼 수 없다. 이러고 나면 노후엔 '그때 했으면 좋았을 것'이라고 크게 후회하게 될 것이다.

이런 일련의 해냄 과정엔 어려움이 있기 마련이다. 스스로 하는 게 가장 좋지만 여의치 않을 때는 도움이 필요하다. 이때 타조 알과 병아리의 부화는 혼자 사는 젊은이들에게 많은 걸 시사한다. 타조 알의 부화는 스스로 하는 것에, 병아리의 부화는 적시 적절한 도움에 관한 것이다. 타조 알은 부드러운 바닥에 놓고 어른이 올라서서 밟아도 깨지지 않을 정도로 껍데기가 단단하다. 그럼에도 어미가 알을 품은 지 41일이 되면 새끼는 안에서 단단한 껍데기를 깨고 나온다. 여기에 음미해 볼 만한 말이 있다. '새는 알에서 나오려고 투쟁한다. 알은 세계다. 태어나려는 자는 하나의 세계를 깨뜨려야 한다.' 헤르만 헤세의 소설 『데미안』에 나오는 바로 이 구절이다. 병아리는 부화 시기가 되면 안에서 쫀다. 이것을 啐(줄)이라고 한다. 알 안에서 쪼는 소리가 들리면 어미 닭은 밖에서 부리로 알을 동시에 쪼아서 부화를 도와준다. 이게 啄(탁)이다. 啐啄(줄탁)이 동시에 이뤄져 병아리가 세상 밖으로 나오는 것이다.

빌드업(buildup)···.

힘들고 여건이 여의치 않더라도 결혼이나 출산을 하려면 당사자가 스스로 최대한 노력해야 한다. '빌드업 축구'가 있듯 인생에서도 이런 빌드업이 필수적이다. 최종 목표를 달성하기 위해 한 단계씩 차곡차곡 쌓아 올려 전진하고 완성하는 과정이 삶에도 필요하다. 이게 스스로 강해지는 삶이다(자강).

자신의 힘이나 노력만으로 되지 않을 때는 부모로부터나 다른 도움을 받을 수는 있다. 결혼을 못 하거나 안 하고 있는 것에 대해 남 탓이나 나라 탓만으로 돌리는 것은 말이 안 된다. 정부나 지자체에서 지원하는 것에는 한계가 있다. 자신의 인생은 자신이 개척하고 만들어 가면서 넓혀 가고 불려 가고 이뤄 가는 것이다. 이래야 성취감과 보람을 느낄 수 있는 것 아닌가.

저녁에

김광섭

저렇게 많은 별 중에서
별 하나가 나를 내려다본다
이렇게 많은 사람 중에서
그 별 하나를 쳐다본다

밤이 깊을수록
별은 밝음 속에 사라지고
나는 어둠 속에 사라진다

이렇게 정다운
너 하나 나 하나는
어디서 무엇이 되어
다시 만나랴

파리 퐁피두센터 소장, 1938년

마르크 샤갈, 「에펠탑의 신랑 신부」

샤갈이 50세 때 아내 벨라와의 아름다운 신혼을 꿈꾸었던 시절로

돌아가고 싶은 마음에서 그렸을 것으로 추정되는 몽환적인 그림.

큰 수탉 위에 올라타 "당신을 사랑해"라고 귀에 대고 말하는 듯하다.

신윤복, 「월하정인(月下情人)」

늦은 밤 담 모퉁이에서 한 쌍의 남녀가 은밀한 만남을 갖고 있다.

그림 왼쪽에 '달은 기울어 밤 깊은 삼경인데 두 사람 마음은

두 사람만 안다(月沈沈夜三更 兩人心事兩人知)'라고 쓰여 있다.

반스재단 소장, 1896년

오귀스트 르누아르, 「화가의 가족」

르누아르가 54살 때 그린 자신의 가족. 행복하고 단란한 모습이다.

세 자녀를 둔 르누아르는 자신의 가족을 화폭에 담아내는 걸 좋아했다.

혼자 사느냐 함께 사느냐

3장

그래도 가족

가족은 더불어 함께 사는 삶의 결정체

자녀보다 더 소중한 것 없고, 가족보다 더 값진 재산 없다

이중섭, 「길 떠나는 가족」

가족과 함께할 수 없었던 화가는 가족에 대한 절절한 사랑과

그리움을 이렇게 환상적이고 들뜬 모습으로 그렸다.

나는 어디서 왔는가?

"너는 다리 밑에서 주워 왔어."

나는 어렸을 때 어른들이 장난스럽게 아이들한테 이렇게 말하는 것을 종종 들은 적이 있다. 이 말처럼 우리는 주워 온 것일까? '주워 왔다'는 것은 '그냥 이 세상에 나왔다'는 말과 같은 의미다. 사람들은 대부분 자신의 태어남을 너무나 당연한 것으로 생각한다. 어머니 배에서 나왔다는 것은 누구나 다 안다. 그래도 한 번쯤은 자신의 출생에 대해 진지하게 생각해 보는 게 좋을 것이다.

나에게 자성의 한 계기를 만들어 준 것은 앞에서 이야기한 폴 고갱의 그림 「우리는 어디서 왔는가 우리는 무엇인가 우리는 어디로 가는가」이다. 제목도 길고 그림도 길다(374㎝). 이 그림은 나에게 인생에 관해 많은 생각을 하게 해 줬다. '우리는 어디서 왔는가?'라는 물음은 '나는 어떻게 이 세상에 태어났는가?'와도 맥을 같이한다. 이 물음은 자신과 가족을 연결 짓는 출생의 뿌리와 정체성을 묻는다. 자신이 있어 가족이 있는 것이 아니라 가족(부모)이 있어 자신이 있기 때문이다.

태어남은 한 사람의 인생을 열어 가는 서막이고 거기엔 뿌리가 있다. 족보 · 주민등록 · 가족관계증명서가 그 연결 고리의 증거다. 상품으로 치면 원산지 증명과 같은 것이다. 각 성씨(姓氏)와 종가(宗家)에선 긴 족보를 갖고 있다. 성경에도 예수가 다윗의 후손이라는 것을 보여 주는 길고 긴 족보가 나온다.

'뿌리'를 말할 땐 미국에 사는 흑인들이 어디서 왔는가를 추적한 알렉스 헤일리의 대하소설 『뿌리』가 연상된다. 이 책은 아프리카 감비아 출신의 쿤타킨테에서 시작해 알렉스 헤일리로 이어지는 7대의 족보다. 노예로 팔려 온 조상의 뿌리를 찾아 쓴 작품이다. 우리에겐 『뿌리』와 같은 비참한 역사는 없다. 뿌리를 찾기 위해 굳이 이렇게까지 멀리 갈 필요도 없다. 우리나라에는 대전광역시에 자신의 뿌리를 알아볼 수 있는 '뿌리공원'이 있다. 이 공원 안에는 한국족보박물관이 있다. 244개 성씨의 조형물이 설치돼 있다.

출생과 관련해 우리가 새겨 보아야 할 고사성어가 있다. '낙실사수(落實思樹) 음수사원(飮水思源)'이다. '과일을 딸 때 열매를 맺은 나무를 생각하고, 물을 마실 때 그 물이 어디서 왔는가를 생각하라'는 뜻이다. 출생의 시원을 생각해 보는 것은 자신이 가족과 어떻게 연결돼 있는가를 짚어 본다는 점에서 매우 의미가 깊다. 자신의 입장에서 볼 때 '가족'이 처음 탄생하기 때문이다. 가족은 자신의 뿌리다. 그래서 가족은 소중한 것이다.

보스턴미술관 소장, 1897년

폴 고갱,
「우리는 어디서 왔는가, 우리는 무엇인가, 우리는 어디로 가는가」

태어나서 늙어가기까지의 다양한 인간의 삶의 모습이 오른쪽에서부터

왼쪽으로 그려져 있다. 고갱이 그림 왼쪽 위 구석에 그림 제목으로 써 놓은

이 철학적인 질문은 우리 모두에게 던지는 인생 물음이 아닐까?

가족이란 무엇인가

2023년 12월 25일 새벽, 서울 도봉구의 한 아파트 3층에서 불이 났다. 불길이 번지자 위층에 살고 있던 부부가 각자 자녀 한 명씩을 안고 뛰어내렸다. 아이들은 목숨을 구했지만 심정지 상태로 발견된 아이들의 아버지는 끝내 숨졌고 어머니는 중상을 입었다.

2020년 4월 8일 새벽, 울산의 한 아파트 13층에서 부모가 집을 비운 사이 불이 났다. 그 시각 편의점에 음료수를 사러 나갔다가 돌아오는 길에 불길이 치솟는 것을 본 형(고교생 · 18)은 정신없이 집으로 뛰었다. 안방에서 자고 있는 아홉 살짜리 동생을 구출하기 위해서였다. 불구덩이 속으로 들어갔으나 빠져나오지 못했다. 동생은 베란다에서 숨지고 형도 난간에 매달려 있다 추락사했다.

2007년 3월 17일 오전, 서울 신도림동에 신축 중이던 주상복합 건물에서 불이 났다. 6층에서 아내와 함께 도배를 하던 남편은 유독가스를 피해 아내를 이끌고 8층으로 올라갔다. 가스가 더 많이 밀려오자 남편은 특수 유리로 된 창문을 깼다. 아내의 머리를 밖으로 내밀어 숨을 쉬게 해 살렸으나 자신은 결국 가스에 질식해 목숨을 잃었다.

2013년, 암에 걸려 항암 치료를 받아 오던 미국 뉴욕 거주 엘리자베스 조이스는 간절히 원하던 아이를 임신하게 됐다. 그런데 암이 재발해 허리까지 전이됐다. 암 치료를 위해서는 배 속의 태아를 포기해야 했다. 그러나 그녀는 주저하지 않고 태아의 생명을 택했다. 의료진은 출산 예정일 두 달 전에 인공 분만으로 태아를 살렸다. 6주 후, 엘리자베스는 남편의 품에 안겨 숨을 거뒀다.

도대체 자녀와 동생이 무엇이기에 부모와 형은 자신들의 생명은 돌보지 않았을까. 남편은 아내를 살려 내려고 했을까. 자신이 낳은 핏줄이고 피를 나눈 형제이며 결혼해 가정을 이룬 평생 반려이기 때문이다. 자식이 무엇이기에 자신의 생명을 내주고 대신 태아를 살렸을까. 가족이란 바로 이런 것들이다. 이처럼 소중한 것이다.

가족은 구성원들이 하나의 공동체를 이룬다. 그러기에 가족은 단어가 아니라 문장(Family is not a word. It is a sentence)이라고 한다. 단어는 한 낱말에 불과하지만 문장은 여러 개의 낱말이 모여 구성되기 때문이다. 영어 'Family'를 'Father and mother, I love you'의 약자라고 말하기도 한다. 물론 이는 그냥 재미있으라고 만들어 낸 말이다.

인생은 가족에서 시작하고 가족에서 끝난다. 거의 모든 게 가족과 연결돼 있다. 국민화가들도 가족을 소재로 한 그림을 많이 그렸다.

이중섭 화가에게 그림은 가족에 대한 그리움과 사랑에 대한 표현 수단이었다. 프랑스의 르누아르는 관절염으로 손을 못 쓰고 있을 때에도 붓을 손목에 매달고 가족을 그렸다. 가족을 사랑한 문인으로는 최인호 소설가가 단연 으뜸이다. 그는 월간지 「샘터」에 자신의 가족을 그린 『가족』을 35년 6개월에 걸쳐 연재했다.

가족의 생명은 연대감이다. 끈끈한 연대감은 식물에서도 찾아볼 수 있다. 스위스 로잔대 연구진은 2018년 스페인 허브가 친종(親種)들과 같이 자라면 꽃을 더 많이 피운다는 것을 알아냈다. 미국 베일러 의대 연구진은 단세포 생물인 아메바가 먹을 것이 부족해지면 유전적으로 비슷한 다른 개체를 찾아 합체(合體)한다는 연구 결과를 발표했다.

모든 생물을 꿰뚫는 오직 한 단어가 있다면 그것은 바로 '가족'이다. 인류학자 마거릿 미드는 "가족은 모든 제도 중 가장 끈질기고 강력한 제도"라고 했다. 그래서 함께 살아야 하고 함께 사는 가족을 만들어야 한다. 가족엔 그 이상의 무엇이 있다. 가족은 사랑이 있기에 모두가 등 돌릴 때 마지막까지 자신을 지켜 준다. 서로를 위해 주고 자신의 편이 되어 준다. 가족은 함께하는 삶의 결정판이다. 콜린 매카티의 시엔 가족 사랑이 묻어난다.

가족

콜린 매카티

엄마

가족은 사랑이에요.

우리가 어딜 가든지 무얼 하든지

우리 마음속에 가족이라는 생각을

늘 잊지 않고 살도록 해요.

서로가 서로에게 나누어 줌으로

우리는 하나의 동그라미가 되고

언제나 가장 친한 친구가 되며

구름 뜬 하늘의 무지개처럼

서로에게 아름다운 존재가 되며

어제, 오늘 그리고 내일도

서로에게 고마운 사람이 됨을

늘 잊지 않고 살도록 해요.

왜냐하면 우리는 한 가족이고

가족이 의미하는 것은

그칠 줄 모르고 솟아오르는

사랑의 샘물이기 때문이지요.

파블로 피카소, 「솔 레르씨 가족」

양복재단사인 친구 부부와 네 아이가 풀밭 위로 피크닉을 나온

모습을 그렸다. 모두가 정면을 바라보는 것이 특징적이다.

피카소의 초기 작품으로 추상화가 아니라서 희소가치가 높다.

2006년 당시 추정가액은 300억 원.

마음으로 보아야 가족이 보인다

보는 것과 보이는 것은 다르다.

같은 것도 어떻게 보느냐에 따라 달리 보인다. 사노라면 어느 때부턴가 못 보던 것들이 보이게 된다. 들리지 않던 말들이 들리게 된다. 나는 가족에게 관심을 갖고 가족에 관한 생각을 많이 하면서 이런 경험을 했다. 무엇보다 보이는 것들이 많아졌다. 그동안 살면서 가족들에게 잘못했던 것, 못 해 줬던 것, 놓친 것들이 보였다.

삶은 무한한 것 같지만 실은 딱 '보이는 만큼' 살다 간다. 우리가 인생을 제대로 살아가기 위해선 가족을 제대로 보아야 한다. 우리 삶이나 주변엔 보지 못한 것들이 너무 많다. 입장을 바꾸거나 생각을 더 하고 보면 보이지 않던 것들이 보인다. 시간이 지나고 나면 새로운 것들이 보인다. 나태주 시인이 「풀꽃」이란 시에서 읊었듯이 오래, 그리고 자세히 보아야만 보이는 것도 있다. 고은 시인의 시 「꽃」처럼 올라갈 때 보지 못했던 것들이 내려올 때엔 보인다. 멈춰야 보이는 것도 있다. 작게 보이던 장점이 크게 보이는가 하면 크게 보이던 결점이 작게 보이기도 한다.

찰리 채플린은 "인생은 멀리서 보면 희극이고 가까이서 보면 비

혼자 사느냐 함께 사느냐

극"이라고 했다. '가로로 보면 비극, 세로로 보면 희극'이란 말도 있다. 어떻게 보느냐에 따라 달라지는 것이다. 이때 중요한 것은 제대로 보느냐다. 생텍쥐페리는『어린 왕자』에서 "가장 중요한 것은 눈에 보이지 않기 때문에 오직 '마음'으로 보아야 한다."고 했다.

이런 마음의 눈으로 보아야 할 것이 있다. 바로 우리네 가족이다. 사람은 통상 좋은 것만 보려고 하는데 가족엔 좋지 않은 것들도 적지 않다. 가족은 보이는 것이 전부인 것처럼 생각되지만, 실은 가려져 있어 보이지 않는 것들이 더 많다. 그런데도 자신들의 돈 버는 투자 등에 대해선 자세히 보려고 노력하지만 정작 자신에게 중요한 가족에 대해선 대충대충 보고 살아간다.

가족은 단순한 것 같지만 속내는 복잡하다. 살갑게 잘 지내다가도 부딪치고 틀어진다. 구성원들 사이에 서로 다른 감정이 교차하는 상황이 수시로 벌어진다. 애증·선악·미추·희로애락·이상과 현실·말과 행동 사이를 온갖 생각들이 오간다. 마음을 모르거나 처한 상황이 달라 잘못 이해하는 수도 있다. 아이를 낳아 부모가 되고 보면 안 보이던 것들이 보이는 것도 이 때문이다. '그때 알았더라면 좋았을 텐데….'라며 후회하고 반성하게 되는 게 가족이다.

이렇게 달리 보이고 들리게 만드는 게 '마음'이다. 기독교의 '마음가짐', 불교의 '마음먹기'와 '깨달음', 유교의 '어진(仁) 마음' 등이다.

각 종교가 추구하는 가르침과 그대로 통한다. 성경은 '산상수훈'에서 '마음이 가난한 자는 복이 있고, 긍휼히 여기는 자는 긍휼히 여김을 받을 것'이라고 했다. 마음가짐의 중요성을 일컫는다.

불교엔 '일체유심조(一切唯心造)'와 '돈오점수(頓悟漸修)'라는 말이 있다. 일체유심조는 '모든 것은 오로지 마음이 지어낸다'는 뜻이다. 돈오점수는 '문득 깨닫는 경지에 이르기까지에는 반드시 점진적 수행단계가 따른다'는 뜻이다. 깨달음의 중요성을 강조한다.

유교의 『대학』엔 "마음이 없으면 보아도 보이지 않고, 들어도 들리지 않으며 먹어도 그 맛을 모른다(心不在焉 視而不見 聽而不聞 食而不知 其味)."는 말이 나온다. 마음을 바르게 가지라는 뜻이다. 이 말 역시 마음의 중요성을 역설한다.

마음의 눈으로 보아야 가족이 제대로 보인다. 마음의 귀로 들을 때 비로소 가족의 말이 들린다. 이채 시인은 "밉게 보면 잡초 아닌 풀이 없고, 곱게 보면 꽃 아닌 사람이 없다"고 했다.

지금 여러분의 눈에는 가족이 어떻게 보입니까?

혼자 사느냐 함께 사느냐

마음이 아름다우니 세상이 아름다워라

이채

밉게 보면 잡초 아닌 풀이 없고

곱게 보면 꽃 아닌 사람이 없으되

내가 잡초 되기 싫으니

그대를 꽃으로 볼 일이로다

털려고 들면 먼지 없는 이 없고

덮으려고 들면 못 덮을 허물 없으되

누구의 눈에 들기는 힘들어도

그 눈 밖에 나기는 한순간이더라

귀가 얇은 자는

그 입 또한 가랑잎처럼 가볍고

귀가 두꺼운 자는

그 입 또한 바위처럼 무거운 법

생각이 깊은 자여!

그대는 남의 말을 내 말처럼 하리라

겸손은 사람을 머물게 하고

칭찬은 사람을 가깝게 하고

넓음은 사람을 따르게 하고

깊음은 사람을 감동케 하니

마음이 아름다운 자여!

그대 그 향기에 세상이 아름다워라

나에겐 가족이 있습니다

언젠가 지인한테서 들은 내용이다.

60대 남편은 세 살 아래 아내가 뇌졸중으로 쓰러지자 정성을 다해 수발했다. 한두 해가 아니고 10년이 넘자 간병이 한계에 이르렀다. 어느 날 '아내가 차라리 죽었으면 좋겠다'고 생각했는데, 그만 세상을 떴다. 하지만 시간이 흐를수록 아내의 빈자리가 커 보였다. 모든 것이 허망하고 허전해지기 시작했다. 자녀도 없이 아내마저 가 버리니 자신의 처지가 너무나 막막했다. 그는 "아내가 식물인간이나 다름없었지만 내 곁에 있었던 때가 좋았다."며 크게 후회했다.

가족은 이처럼 소중한 것이기에 가족에 대한 생각과 그리움이 언제나 간절한 법이다. 가족이 없는 사람은 더하지만 가족이 있는 사람도 마찬가지다. 폴란드 아우슈비츠 수용소에서 있었던 일이다. 1941년 7월 29일, 경비가 삼엄했던 이 수용소가 발칵 뒤집혔다. 특별 감시 대상자들을 모아 놓은 14호 감방에서 한 사람이 감쪽같이 탈옥한 것이다. 그러자 한 남자가 "나에겐 처자(妻子)가 있어! 내가 걸리면 안 돼!"라고 절규하며 벌써부터 안절부절못했다. 당시 수용소엔 누군가 탈옥하면 무작위로 10명을 가려내 '굶겨 죽이는 지하 감방'에 보내는 무서운 벌칙이 있었다.

수용소장은 즉각 이 감방 수용자들을 집합시켰다. 저승사자에 의해 한 사람씩 이름이 불려 끌려갈 때마다 비명이 쏟아졌다. 10명의 이름이 거의 불릴 무렵 '프란치스코 가조우니체크'라는 이름이 호명됐다. 울부짖던 바로 그 남자였다. 서른아홉 살의 폴란드군 부사관이었다. 얼굴이 사색이 된 그는 수용소장에게 다가가 "나에겐 가족이 있습니다. 제발 살려 주세요, 살려 주세요!"라고 처절하게 매달렸다.

이때 한 중년 남자가 수용소장 앞으로 불쑥 나왔다. "나는 결혼하지 않아 가족이 없으니 나를 대신 보내 주시오."라고 말했다. 수용소장이 "당신은 누구냐?"라고 물었다. "나는 가족이 없는 가톨릭 신부입니다." 생사를 가름 짓는 절체절명의 순간에 가족이 있어 죽을 수 없다는 한 사람을 위해 자신의 목숨을 기꺼이 내놓겠다고 나선 것이다. 이 신부는 바로 죽음의 감방에 보내졌다. 이분이 바로 수인 번호 16670, 당시 47세의 막시밀리아노 콜베 신부다.

콜베 신부가 '아사 감방'에서 2주가 지나도 죽지 않자 수용소에선 17일째 되던 날 강제로 독극물 주사를 놓았다. 이렇게 선종한 콜베 신부는 1982년 교황 요한 바오로 2세에 의해 '사랑의 순교자'로 시성되었다.

가족이 있는 것과 없는 것의 차이는 집이 있느냐 없느냐 하는 것과는 차원이 다르다. 재산이 있고 없는 차이와는 비교할 수도 없다.

집이나 재산은 자신의 노력으로 얼마든지 사고 만들 수 있지만 가족은 그렇게 할 수 없다. 가족이 있는 사람과 없는 사람은 많은 차이가 나기 마련이다. 이게 '가족 격차'다. 그래서 이 세상의 모든 것을 가졌다 해도 가족이 없다면 다 가진 것이라고 말할 수 없다.

"나에겐 가족이 있습니다." 이 말은 "나에겐 꿈이 있습니다."라는 말처럼 천 마디 이상의 큰 울림이 있다. 가족이 있는 게 얼마나 소중한지는 정용철 시인의 시에 잘 나타난다.

이것 하나만으로도

정용철

나에게는 사랑하는 가족이 있습니다.

나는 우리 가족을 언제라도 만날 수 있습니다.

이 하나가

나에게 얼마나 큰 기쁨인 줄 이제야 알았습니다.

나에게는 사랑하는 가족이 있습니다.

나는 우리 가족과 언제라도 전화를 할 수 있습니다.

이 하나가

나에게 얼마나 큰 즐거움인 줄 이제야 알았습니다.

나에게는 사랑하는 가족이 있습니다.

내가 우리 가족 중 한 사람에게 편지를 보내면

곧 답장을 받을 수 있습니다.

이 하나가

나에게 얼마나 큰 위로인 줄 이제야 알았습니다.

혼자 사느냐 함께 사느냐

나에게는 사랑하는 가족이 있습니다.

나는 우리 가족들에게 언제라도 선물을 보낼 수 있습니다.

이 하나만으로도

내가 얼마나 소중한 사람인 줄 이제야 알았습니다.

나에게는 사랑하는 가족이 있습니다.

나는 우리 가족과 언제라도 같이 식사를 할 수 있습니다.

이 하나만으로도

내가 얼마나 대단한 사람인 줄 이제야 알았습니다.

나에게는 사랑하는 가족이 있습니다.

나는 우리 가족에게 나의 아픔을 낱낱이 이야기할 수 있습니다.

이 하나만으로도

내가 얼마나 행복한 사람인 줄 이제야 알았습니다.

배운성, 「가족도」

1930년대 우리나라 부잣집 대가족의 모습.

무려 17명이나 되는 개인 초상화를 모은 것 같아 이채롭다.

등록문화재 제534호이다. 갈수록 핵가족화하고

혼자 사는 사람들이 많은 지금은 이 그림이 낯설게 느껴진다.

칼 라르손, 「자작나무 아래서의 아침 식사」

화창한 봄날 라르손 가족들이 자작나무 아래 식탁에 모여

아침 식사를 하고 있는 정겨운 모습. 빨간 모자를 쓰고

앞쪽을 향해 미소 짓는 아이가 귀엽다. 라르손은

자신의 가족을 모델로 행복한 가족의 모습을 많이 그렸다.

가족보다 센 힘은 이 세상에 없다

"아버지~!" "어머니~!"

경찰 공무원을 뽑는 체력시험장의 손 악력(握力) 측정에서 있었던 일이다. 대부분의 지원자들은 악력기를 잡으면 '으랏차차'라고 외친다. 아니면 주문 같은 것을 외우며 기합을 넣는다. 그런데 한 청년은 특이했다. 한 손의 악력을 측정할 때는 '아버지'를, 다른 손으로 할 때는 '어머니'를 목이 터져라 외쳤다. 이 청년에게는 '아버지!', '어머니!'라고 외치는 소리 자체가 힘이 되어 주었던 것이다.

미국 여자프로골프(LPGA)에서 큰 활약을 하고 있는 재미 동포 대니얼 강의 오른손에는 문신이 두 개 있다. 검지에는 'just be', 손날 부분엔 한글로 '아빠'라고 씌어 있다. 딸을 뒷바라지를 하다 세상을 뜬 아버지의 유지(遺志)를 새겨 넣은 것이다. 대니얼 강은 이 문신을 보며 경기에 임하면 힘을 얻는다고 말한다.

가족 구성원 가운데 누군가가 아프거나 힘들고 어려움에 처해 있을 때 가족은 의지가 된다. 든든한 버팀목이다. 실직한 가장들이 가족의 힘으로 재기에 성공하고, 슬럼프에 빠진 운동선수나 연예인들이 다시 일어서는 것을 우리는 자주 볼 수 있다. 오랫동안 병석에 누

혼자 사느냐 함께 사느냐

워 있던 환자들이 가족들의 간병과 보살핌 속에 건강을 되찾는 것도 모두 가족의 힘이다. 간암·신부전증 등 중요한 장기에 이상이 생기면 이식을 해야 한다. 이때 가족 간 장기를 떼어 줌으로써 생명을 연장시켜 주는 것 역시 가족이 아니면 하기 어려운 일이다. 나의 막내 누이동생도 바로 위 언니에게 신장을 주었다.

이런 '힘'은 어디서 오는가. 원천은 가족으로부터 나온다. 조부모·부모·남편과 아내, 그리고 형제와 자매가 있어서다. 함께 하나가 됨으로써 단합된 강한 힘이 나오는 것이다. 그래서 "가족은 묶어놓은 나뭇가지와 같다(Family is like a bundle of twigs)."고 한다.

"당신 뒤엔 언제나 내가 있어요. 내 마음의 챔피언은 당신이야."
실화를 영화화한 미국 영화 「신데렐라 맨(Cinderella Man)」에서 아내는 권투 선수인 남편이 링에 오르기 전 애써 두려움을 감추려 하자 이렇게 응원한다. 뒤엔 소중한 가족이 있다는 것이 힘이 되는 것이다. 평상시에는 잘 드러나지 않고 있다가 올림픽 등 큰 대회 때 우승한 선수들이 가족의 힘을 보여 주는 산 증거들이다.

손흥민 축구 선수에게 아버지의 엄격한 지도가 없었다면 오늘의 손 선수는 없을 것이다. 우리카드 소속의 한선정 배구 선수는 어떤가. 그의 키는 195㎝이지만 아버지는 고작 134㎝밖에 안 되는 3급 지체장애자다. 그럼에도 아들을 잘 뒷바라지해 유명선수로 키웠다.

골프에서는 부부가 선수와 캐디로 손을 맞춰 좋은 성적을 거둔다. 미국 LPGA에서 여러 번 우승한 박인비 선수는 남편이 캐디이자 스윙코치다. 2023년 하나은행의 인비테이셔널에서 우승한 양지호 선수는 아내가 캐디다. 이것이 가족의 힘이다.

'가족의 힘'의 진면목은 힘들 때나 위중한 상황에서 나타난다. 2007년 12월 일본에서 눈보라가 치는 겨울 산에서 길을 잃고 조난당한 나카무라 마사유키(55)는 12일 만에 구조됐다. 그는 "병구완을 해야 할 어머니를 두고 내가 먼저 죽으면 안 된다는 간절한 생각으로 살아남을 수 있었다."고 말했다.

1846년 11월 미국 시에라 네바다를 지나 다른 지역으로 이주하려던 81명의 무리가 눈 폭풍을 만나 계곡에 갇혔다. 이때 혹독한 추위와 굶주림으로 많은 사람이 목숨을 잃었다. 가족이 있는 사람들은 많이 살아남았지만 혼자 온 남자들에게서 희생자가 많이 나왔다.

이 세상엔 피보다 진한 것은 없다. 그래서 가족에서는 특별한 힘이 나온다. 이렇게 나온 '가족의 힘'은 크고 위대한 것이다.

가족은 뺄셈이 아닌 덧셈이다

이익이야, 손해야?

요즘 젊은이들은 거의 예외 없이 매사를 돈으로 타산한다. 게리
베커는 가족·결혼 등 그동안 경제적 득실로 따지지 않았던 인간 행
동과 관계까지 경제학으로 분석했다. 나는 가족에 관한 한 '계산'하
고 싶지 않다. 가족의 순수한 의미가 퇴색되기 때문이다.

가족은 일상생활을 해 나가는 데 정신적으로 큰 힘이 된다. 알게
모르게 많은 혜택을 가져다준다. 부부간에는 서로 의지할 수 있는
배우자가 있다는 것이 힘이다. 부모에게는 든든한 자녀가 있다는 것
이, 자녀에겐 역시 부모가 있다는 것 자체가 큰 힘이 된다. 그 힘이
바로 무형의 재산이다. 가족을 둔 사람은 가족이 없는 사람보다 대
체로 더 많은 행복을 느끼며 건강하게 살아간다. 그래서 병원비 등
으로 지출하는 비용도 적다고 한다. 물론 교육비 등으로 나가는 것
이 많기는 하다.

가족은 그 자체로 돈으로는 환산할 수 없는 큰 자산이다. 무엇으
로 살 수도, 바꿀 수도 없다. 가족은 보험 이상의 것이다. 후손을 남
기는 것 역시 큰 자산이다. 재산이 아무리 많아도, 그리고 특수한 경

우를 제외하고 아무리 높은 명예를 누려도 가족이 없으면 삶이 얼마나 무상할 것인가.

아이들을 키우려면 적잖은 돈이 들어간다. 그렇더라도 가족으로부터 얻는 것이 잃는 것보다 더 많다고 나는 생각한다. 인생을 살다 보면 얻은 것이 적은 것 같기도 하다. 잃은 것이 더 많은 것 같기도 하다. 그 반대로 많은 복을 누리며 살아온 사람들은 얻은 것이 더 많은 것처럼 느껴질 것이다. 가족의 대차대조표를 만들어 본다면 비용은 많이 나가고, 수입은 형편없다는 생각이 들 수도 있다. 자녀를 키우느라 온통 돈밖에 들어간 것이 없다고 생각할 것이다. 그러나 꼭 그렇기만 한가? 자녀와 가족이 있다는 것 자체가 큰 자산이다. 요즘같이 사람이 귀한 세상에서 가족 수가 많으면 많을수록 좋다. 이 부문에선 단연코 덧셈이다. 부부(1+1)에 자녀 하나면 +1, 둘이면 +2… 등, 다다익선이다. 살아온 것 자체가 크게 얻은 것이니 잃을 것도 없다.

사람들은 흔히 삶을 두고 '적자 인생'이라고 말한다. '잘한 것 반, 못한 것 반'이라는 말도 있다. 나는 '잘한 것 반'이 '못한 것 반'을 훨씬 넘어설 것이라고 생각한다. 굳이 셈을 한다면 가족은 뺄셈이 아니고 단연코 덧셈이다. 헨리 롱펠로의 「잃은 것과 얻은 것」이란 시를 보자. 얻은 게 많은지, 잃은 게 많은지.

혼자 사느냐 함께 사느냐

잃은 것과 얻은 것(Loss and Gain)

헨리 롱펠로

내 이제껏 잃은 것과 얻은 것,

놓친 것과 잡은 것 비교해 보니

자랑할 만한 것이 없네

하많은 세월 헛되이 보내고

좋은 의도는 화살처럼

과녁에 못 닿거나 빗나간다는 걸

내가 알고 있으니

하지만 감히

누가 이런 식으로 손익을 계산하랴

패배는 어쩌면 승리의 위장일지 몰라

썰물이 나가면 밀물이 되어 되돌아오리니

할배 · 할매 시대가 왔다

"할아버지!"

나는 손주들이 나를 보고 찾아오고 부르면 언제나 기분이 좋다. 아내 역시 할머니를 찾는 손주들을 반긴다. 우리 내외는 몇 해 전까지 맞벌이하는 큰딸네의 세 아이들과 둘째 딸네의 아이도 돌봤다. 우리 내외처럼 연로한 부모들이 자녀들의 육아를 도와주는 경우가 많다. 전체 맞벌이 가구 500여 만 가구의 절반에 이를 정도다. 수명이 길어지면서 육아 돌봄이 필요한 자녀들을 돕는 쪽으로 활동 영역이 넓어진 것이다. 이는 저출산 문제가 심각해진 현시점에서 절실한 시대적 요청이기도 하다.

육아 돌봄은 할머니들은 물론이고 할아버지들도 많이 참여하고 있다. 내가 그렇고 내 친구 여럿이 그렇게 했다. 할배 육아는 조선 중종 시대에도 있었다. 선비 이문건(1494~1567)은 58세 때 귀한 손자가 태어나자 16년 동안 지극정성으로 키웠다. 손자를 돌보면서 꼬박꼬박 육아 일기를 써서 『양아록(養兒錄)』이란 책도 남겼다.

외국에서도 손주를 돌보는 조부모들이 많다. 독일에는 아이 돌봄 할머니와 할아버지를 빌려주는 '그로스엘턴딘스트'도 있다. 손자를 잘 키운 버락 오바마 전 미국 대통령의 외할머니와 외할아버지, 프란치스코 교황을 잘 보살핀 외할머니가 조부모 돌봄 성공 사례다.

아프리카 케냐 출신 흑인 아버지와 미국 캔자스 출신 백인 어머니 사이에서 태어난 오바마는 아버지 없이 자랐다. 오바마는 하와이에 있는 외가에 보내져 중요한 청소년기를 보냈다. 그의 외할머니는 자유분방해 밖으로만 나도는 딸을 대신해 외손자를 정성을 다해 키웠다. 먼저 교육에 온 정성을 쏟았다. 외손자의 양육비를 대기 위해 하와이 은행에서 비서로 일하면서 근검절약하며 살았다. 오바마는 이런 외할머니를 '내 인생의 주춧돌'이라고 했다. 아버지의 빈자리는 그의 외할아버지가 메웠다.

교황의 어릴 때 성장은 할머니의 영향이 절대적이었다. 어린 베르골리오(교황 본명)는 어머니보다는 옆집에 사는 할머니와 함께하는 시간이 많았다. 그는 독실한 가톨릭 신자인 로사 할머니의 무릎 위에서 자연스럽게 기도하는 법을 익혔다. 할머니의 믿음 생활에 감화돼 신앙심이 깊어진 손자는 스물두 살 때 예수회에 입회했다. 이어 부에노스아이레스 교구의 빌라 데보토 신학교에 지원했다. 이때 그의 어머니는 극력 반대했지만 할머니는 잘했다며 손자를 두둔했다. 때로는 편지를 보내 격려했다. 교황은 할머니가 보내 준 편지를 지금도 수첩에 넣어 가지고 다닌다고 한다.

소장 불명, 1913년

후고 심베리, 「저녁 무렵에」

핀란드의 상징주의 화가인 심베리가 별장에 머물며
저녁 무렵에 자신의 아버지(할아버지)와 아들(손자)이
손을 잡고 다정하게 산책하고 있는 모습을 그렸다.

혼자 사느냐 함께 사느냐

부모는 가장 위대한 '생산자'

'이 세상에서 가장 위대한 생산자'

나는 이 글을 쓰면서 부모에 대한 정의를 새롭게 내렸다. 남녀가 최상의 조합인 부부가 되어, 협업으로 이 세상에서 가장 소중한 '사람'을 만들어 내기(낳기) 때문이다. 특히 요즘 같은 극한 저출생 시대에 부모의 역할을 생각할 때 이만한 표현도 없을 것 같다.

부모와 자녀는 보통 관계가 아니다. 혈육 또는 골육(骨肉)이라고 한다. 이런 말이 아니면 제대로 표현이 안 된다. "사람이 바꾸려 해도 바꿀 수 없는 것이 한 가지 있다면 그것은 자기의 부모다."라는 유대인의 격언이 있다. 부모와 자녀의 관계는 인위적으로 어떻게 할 수 없는 관계다. 진한 피붙이기 때문이다.

부모님은 낳아만 주신 것인가. 먹이고 키워 주시고 교육을 시켜 주신다. 헌신적으로 뒷바라지해 주시고 방황하거나 힘들 때에도 잡아 주고 지켜 주시는 버팀목이다. 부모의 힘은 대단하다. 록그룹 '부활'의 김태원 님이 대마초 흡연으로 어려움을 겪고 있을 때 일으켜 세워 오늘의 그가 있게 해 준 사람이 바로 그의 부모였다. 부모가 '부활'을 부활시킨 것이다.

자녀들은 흔히 자신들이 잘되면 자신들이 잘해서 그런 것처럼 말한다. 잘 안 되면 부모 탓으로 돌린다. 그런데 제발 그러지 말았으면 좋겠다. 부모를 말할 때는 안도현 시인의 시 「너에게 묻는다」에 나오는 '연탄재'가 떠오른다. 자녀들을 위해 희생하며 온갖 정성을 다한 부모들의 신세가 마치 다 타 버린 연탄재 같다는 생각이 들어서다. 나는 "연탄재를 함부로 발로 차지 마라."는 말처럼 부모를 함부로 대하지 말라고 자녀들에게 간곡히 당부하고 싶다.

자녀들은 '낳아 주신 것'만으로도 부모에 감사해야 한다. 우리가 '오직'이라는 말을 더러 쓰는데, 이 말을 꼭 써야 할 때가 있다. 자녀들을 위해 헌신하신 부모님 은혜에 감사할 때다. 그래서 '부모'라는 이름에 부끄러운 언행을 해서는 안 된다. 부모님에게는 오직 감사다! 각골난망(刻骨難忘: 고마움이 뼈에 새길 만큼 커 결코 잊어서는 안 된다)이라는 고사성어가 이래서 나왔으리라.

이 세상의 모든 어머니와 아버지들은 가정을 이루어 자식들을 위해 열심히 일한다. 가정이 '일터'고 '부모'가 곧 직업이다. 그래서 가정보다 더 소중한 '일터'는 없다. '부모'보다 더 귀한 직업도 없다. 부모보다 더 높은 직책도 없다. '부모'라는 직업은 하는 일이 끝도 없다. 근무 시간도 낮과 밤이 따로 없다. 휴가도 없다. 힘들다고 휴직할 수도 없다. 그만두고 싶어도 사표를 낼 수도 없다. 부모만큼 직업의식이 투철한 직장인이 또 어디 있는가.

혼자 사느냐 함께 사느냐

부모라는 것이 직업임을 실감 나게 하는 동물이 있다. 바로 제비다. 새끼들이 태어나면 먹여 살리는 것이 직업인 것처럼 부산하게 먹이를 물어다 먹인다. 부모들도 제비 못지않게 많이 움직인다. 아버지들은 발로 많이 움직인다. 어머니들은 손을 많이 쓴다. 그래서 '부모'는 명사가 아니고 동사다. 때를 가리지 않고 수고하고 애쓰는 부모들은 가사의 '감정노동자'이기도 하다. 그런 만큼 자녀들은 부모의 노고에 늘 감사하는 마음을 늘 가져야 한다. 언행에도 조심해야 한다. 이런 의미에서 김이만(1683~1758)의 「쌍연(雙燕: 제비 한 쌍)」이란 시를 들려주고 싶다.

쌍연

김이만

제비 한 쌍

굶주림 참고서 벌레 물어 와

고생하며 왔다 갔다

제 새끼를 먹이는구나

(새끼는) 날개가 자라 높이 날아가게 되어도

부모의 은혜를 제대로 알기는 할까

아버지는 뭐라 해도 아버지다

'아버…'

세 글자여야 할 '아버지'가 여기까지만 겨우 살아 있다. 필자가 보는 오늘날 아버지 모습이다. 혼자 사는 사람이 많아져 아버지가 되는 사람이 갈수록 줄고 있기 때문이다. 아버지의 위상도 갈수록 초라해진다. 위상도 그렇지만 무엇보다 아버지들의 수가 줄고 있는 게 큰 문제다. 젊은이들이 결혼을 하지 않아서다. '아버지'가 되지 못하고 있는 현실이 안타깝다.

요즘 아버지의 존재는 예전 같지가 않다. 그렇지만 누가 뭐래도 아버지는 아버지다. 내가 그리는 아버지상은 아직도 한문의 아비 父 (부) 자에 그대로 담겨 있다. 父는 막대기를 든 모양을 본뜬 것으로, 힘을 가지고 가족을 이끌어 나가는 가장을 상징한다. 가장은 집안의 어른이다. '아버지'라는 말에는 권위와 지엄함이 실려 있다. 자녀들한테 아버지는 존재만으로도 큰 의미가 있다. 큰 영향을 미친다. 아버지 없이 자란 버락 오바마 전 미국 대통령은 "아버지가 어떤 길을 가는지 지켜보는 것은 아들의 인생에서 결정적"이라면서 "아버지의 부재(不在)는 내 경험상 채워지지 않는 빈자리"라고 했다.

아버지들의 위상은 예전 같지 않다. 이미지는 좋지 않고 입지는 갈수록 좁아진다. 가정에서조차 가장으로서 존재감이 희박해진다. 사회에서는 모범적인 시민이, 직장에서는 실력 있는 사람이, 그리고 가정에서는 능력 있는 가장이 되기를 원한다. 하지만 실제론 그렇지 못하다. 당당한 아버지의 모습은 실종된 지 오래다. '찬밥 신세'인 아버지를 '고사목'이라고 말하는 사람도 있다.

아버지의 위상이 많이 달라지긴 했어도 아버지는 집안의 버팀목이다. 투자의 귀재이자 세계적 부호인 워런 버핏 미국 버크셔 해서웨이 회장은 "내 삶의 가치를 키워 준 첫 번째 사람은 나의 아버지"라고 했다. 아버지의 이름은 보통의 것이 아니다. 이 세상에서 가장 강하고 무거운 이름이다. 자녀들에겐 무한한 사랑을 베푼다. 아버지는 이름만으로도 존경받아야 한다. 그래서 자녀들은 아버지의 자존심에 상처를 내선 안 된다. 이름을 욕되게 해서도 안 된다.

아버지들은 마음으로 삭이기 어려운 심사를 술로 많이 푼다. 김현승 시인은 "아버지의 눈에는 눈물이 보이지 않으나 마시는 술에는 눈물이 절반"이라고 했다. 아버지들은 또 울긴 우는데 속으로 운다. 하청호 시인은 속울음을 '아버지의 등에서 나는 땀과 땀 냄새'라고 읊었다.

렘브란트, 「탕자의 귀환」

돌아온 탕자를 품는 아버지의 한없는 자식 사랑을 보여 주는 그림.

성경에 나오는 돌아온 탕자가 무릎을 꿇은 사람이고,

두 손으로 탕자를 끌어안는 사람이 아버지다.

그리고 오른쪽에 서 있는 사람이 형이다.

어머니! 에베레스트보다 더 높은 그 이름

'어머니 앞에는 어떠한 수식어도 필요 없다.'

내가 어머니에 대한 글을 쓰면서 고심하다 내린 결론이다. 마땅한 수식어를 끝내 찾을 수 없었기 때문이다. 굳이 꼭 수식어를 붙인다 면 그 앞에 '최고'나 '가장'을 붙여야 한다.

2008년 네팔 여행을 하며 먼발치에서 안나푸르나를 본 적이 있 다. 안나푸르나는 수시로 운무가 끼는 바람에 잠깐 보이다가 사라졌 다를 반복했다. '히말라야는 과연 높구나!' 하는 감탄이 절로 튀어나 왔다. 안나푸르나가 이런데 세계 최고봉인 에베레스트는 얼마나 높 을까. 티베트 사람들은 에베레스트를 '초모 룽마(Chomo Lungma)'라 고 부른다. '세계의 어머니가 되는 여신'이란 뜻이다.

인도 사람들은 갠지스강을 '어머니의 강'이란 뜻의 '강가강'이라고 도 부른다. 메콩강 역시 '어머니의 강'이라는 뜻이다. 이처럼 어머니 는 하늘·하느님·해님·어머니강으로 불린다. 최고봉인 산의 이름 에 붙여진다. 이 세상에서 가장 높은 곳에 자리매김되는 것이다. 『탈 무드』에서는 어머니를 '집안의 영혼'이라고 말한다. 이런 어머니이기 에 어머니의 존재는 대단하다. 어머니의 힘은 위대하다. 랑 구랄은

"저울의 한쪽 편에 세계를 실어 놓고 다른 한쪽 편에 어머니를 실어 놓는다면 세계가 훨씬 가벼울 것"이라고 했다.

이순신 장군은 어머니를 하늘이란 뜻을 가진 '천지(天只)'라고 받들었다. 이해인 수녀는 "또 한 분의 작은 하느님"이라고 했다. 김종해 시인은 "어머니는 언제나 우리들의 하늘"이라고 말했다. 정호승 시인은 어머니는 단순한 가족의 일원이 아닌 '해님'이라고 했다.

한문 어미 母(모) 자는 여자가 품에 아기를 안고 젖 먹이는 모습을 형상화한 것이다. 이 母 자야말로 이 세상에서 어머니를 가장 짧고 가장 적절하게 표현한 글자다. 사람이 태어나 가장 먼저 배우는 말은 어느 민족을 막론하고 어머니를 뜻하는 '엄마'나 '마마' 같은 말이다. 김준태 시인은 '어머니는 이 세상에서 가장 아름다운 말'이라고 했다. 가장 아름다운 영어 단어'를 묻는 설문 조사에서 1위를 차지한 것도 바로 'mother(어머니)'였다.

사랑, 눈물, 손.
어머니를 상징하는 말들이다. 탤런트 고두심 님은 2004년 KBS 연기대상을 받으면서 "나는 어머니를 사랑합니다. 어머니를 사랑하는 사람들을 사랑하고 어머니가 사랑하는 사람들을 사랑합니다. 어머니의 힘은 위대합니다. 세상의 모든 어머니를 사랑합니다."라고 소감을 말했다. 어머니는 곧 사랑이다.

어머니의 눈물은 보통 눈물이 아니다. 유명한 『고백록』을 쓴 성 아우구스티누스의 어머니 모니카는 아들을 눈물로 키웠다. '눈물로 키운 자식은 망하지 않는다'는 말을 듣고 방탕한 생활을 하는 아들을 새사람으로 만들었다. 어머니의 눈물은 작은 물방울에 지나지 않지만 그 속에는 위대한 힘이 있다. 정한모 시인은 "어머니는 눈물로 진주를 만드신다."(시「어머니」)고 했다. 눈물이 사랑의 '묘약'이다.

어머니의 손 역시 보통 손이 아니다. 약손이며 만능 손이다. 어머니 손은 쓸 데가 많고 손으로 하는 일도 엄청 많다. 손으로 정성껏 음식을 만들어 먹인다. 이렇게 하는 일이 많기에 북한의 리석 시인은 "어머니의 손만큼 큰 손은 이 세상에 없다."고 했다.

어머니야말로 대단한 존재다. 대표적인 국문학자였던 양주동 님이 쓴 「어머니의 마음」에는 이런 어머니의 한없는 은혜가 고스란히 담겨 있다. 최인호 소설가는 "어머니는 죽지 않는다."고 했다. 김준태 시인은 "어머니는 죽어서도 젖꼭지를 물린다."고 읊었다. 그래서 나는 모든 자녀들에게 아름다운 어머니의 이름을 더럽히지 말라고 신신당부하고 싶다. 혼자 사는 젊은이들이 어서 결혼해서 자녀들에게 이런 사랑을 베푸는 어머니가 되었으면 좋겠다.

어머니

정한모

어머니는

눈물로

진주를 만드신다

그 동그란 광택의 씨를

아들들의 가슴에 심어 주신다

씨앗은 아들들의 가슴속에서

벅찬 자랑 젖어드는 그리움

때로는 저린 아픔으로 자라나

드디어 눈이 부신 진주가 된다

태양이 된다

검은 손이여 암흑이 광명을 몰아내듯이

눈부신 태양을

빛을 잃은 진주로

진주를 다시 쓰린 눈물로

눈물을 아예 맹물로 만들려는

검은 손이여 사라져라

어머니는 오늘도

어둠 속에서

조용히 눈물로 진주를 만드신다

신한평, 「자모(慈母)육아」

아이가 젖을 물고 한 손으로 엄마 젖을 만진다. 품에 안겨 있는
아이를 쳐다보는 엄마의 눈빛이 자애롭다. 풍속화가인 신윤복의
아버지 신한평(1726~?)이 그렸다. 오른쪽 서서 울고 있는
아이가 신윤복이고, 왼쪽은 신윤복의 누이동생이다.

부부는 자녀를 둬야 완성된다

부부는 어떤 관계일까?

문정희 시인은 "더운 여름밤 멀찍이 잠을 청하다가 어둠 속에서 앵하고 모깃소리가 들리면 순식간에 둘이 합세하여 모기를 잡는 사이"라고 했다. 함께 모기를 잡는 것처럼 일상에서 서로가 합세한다는 이 말엔 사람 사는 냄새가 물씬 풍긴다. 남으로 만났지만 남이 아닌 찰떡 신분 변신을 하는 관계가 곧 부부다.

부부는 결혼을 통해 서로 다른 사람들이 반쪽으로 만나 '맞춰' 가며 살아가는 관계다. 배우자를 영어로 'better half' 또는 'other half'라고 한다. 여기에도 그런 의미가 담겨 있다. 성경에선 "사람이 혼자 사는 것이 좋지 않아 돕는 배필을 갖게 하는 것"이라고 했다. 내 맘에 드는 표현은 남편을 '내 편'이라 하고, 아내를 '안 해(마음 안에 떠 있는 해)'라고 하는 풀이다.

부부는 두 발을 묶고 발을 맞춰 달리는 이인삼각이다. 그런 맞춤의 관계다. 함민복 시인의 「부부」라는 시에 잘 그려져 있다. 긴 상을 옮겨 놓으려면 두 사람이 들어야 하고, 옮길 때는 잡는 손 높이를 조절해야 한다. 걸음의 속도도 맞추고, 내려놓을 때도 손을 맞춰야 한다. 이렇게 맞춰 맺어진 부부는 서로에게 큰 힘이 된다.

부부는 같이 살지만 어떻게 보면 매일 새롭고 매일 낯선 사람이다. 신묘(神妙)한 사이다. 살을 맞대고 한방에서 같이 잠자고 살면서도 서로 미워하고, 충돌하기도 한다. 그러다가 언제 그랬느냐는 듯이 다시 사랑하고, 화해하고, 가까이하는 게 부부다. 그러다가 둘 사이에 생기는 틈과 갈등을 슬기롭게 대처해 나가지 않으면 문제는 커진다. 가장 가까운 사이였다가 헤어지면 가장 멀어지는 사이가 또한 부부다. 마주 보면 그렇게 가까웠던 무촌(無寸) 사이가 등을 돌리면 지구를 한 바퀴 돌아야 만나게 되는 아주 먼 관계가 된다.

가정을 꾸려 감에 있어 남편의 역할도 중요하지만 집안일이나 가정의 화목엔 아내의 역할이 더 중요하다. 그래서 오래전부터 영국에서는 아내를 '피스 위버(peace weaver)'라고 불렀다. '평화를 짜 나가는 사람'이란 뜻이다.

부부를 지탱해 주는 것은 뭐니 뭐니 해도 사랑이다. 그런 의미에서 19세기 영국 시인 로버트 브라우닝이 아내 엘리자베스 브라우닝에게 맹세한 사랑의 시구는 음미해 볼 만한 명구다. '한 번, 오직 한 번, 그리고 오직 한 사람을 위해(Once, and only once, and for one only)'다. 짧은 8개의 단어로 '일편애심'을 이처럼 명료하게 전한 시는 찾아보기 힘들다.

부부는 남편과 아내로 이뤄지지만 여기서 끝나지 않는다. 부부가 된다는 것 자체가 자연의 섭리이기에 더 할 일이 있다. 바로 자녀를 출산하는 것이다. 부부가 되면 자녀를 낳아 단란한 가정을 이뤄야 한다. 그런데 정상적인 부부 생활을 하면서도 자녀를 낳지 않는 가족들이 요즘 많아진다. 이른바 딩크족(DINK: Double Income No Kids)이다. 당사자들이야 괜찮겠지만 저출산이 국가적인 문제가 된 상황에서 이런 가족들의 탄생은 많은 아쉬움을 남긴다.

저출산이 심각한 상황에서 업적이 돋보이는 부부가 있다. 스웨덴의 뮈르달 부부다. 이들은 1934년에 같이 쓴 『인구 위기』란 책으로 성평등과 육아휴직 추진을 강력 촉구했다. 그 결과 인구가 줄고 있던 스웨덴의 출산율이 대반전됐다. 인구 문제가 해결된 것이다.

부부는 자녀를 낳음으로써 완성된다. 그래야 아빠나 엄마가 되는 것이다. 자녀 출산은 시대적 과제다. 자녀를 낳는 것은 부부에게 주어진 최대의 특권이다. 부부가 그 이상의 의미를 갖는 것도 이 때문이다. 부부는 '생산자'다. 아이 낳은 부부는 최고의 애국자다.

누군가의 아빠나 엄마가 되고 싶지 않습니까?

혼자 사느냐 함께 사느냐

부부

문정희

부부란

무더운 여름밤 멀찍이 잠을 청하다가

어둠 속에서 앵하고 모깃소리가 들리면

순식간에 둘이 합세하여 모기를 잡는 사이이다

너무 많이 짜진 연고를 나누어 바르는 사이이다

남편이 턱에 바르고 남은 밥풀꽃만 한 연고를

손끝에 들고

어디 나머지를 바를 만한 곳이 없나 찾고 있을 때

아내가 주저 없이 치마를 걷고

배꼽 부근을 내어 미는 사이이다

그 자리를 문지르며 이달에 너무 많이 사용한

신용카드와 전기세를 문득 떠올리는 사이이다

결혼은 사랑을 무효화시키는 긴 과정이지만

결혼한 사랑은 사랑이 아니지만

부부란 어떤 이름으로도 잴 수 없는

백 년이 지나도 남는 암각화처럼

그것이 풍화하는 긴 과정과

그 곁에 가뭇없이 피고 지는 풀꽃 더미를

풍경으로 거느린다

나에게 남은 것이 무엇인가를 생각하다가

네가 쥐고 있는 것을 바라보며

내 손을 한번 쓸쓸히 쥐었다 펴 보는 그런 사이이다

부부란 서로를 묶는 것이 쇠사슬인지

거미줄인지는 알지 못하지만

묶여 있는 것만은 확실하다고 느끼며

어린 새끼들을 유정하게 바라보는 그런 사이이다

혼자 사느냐 함께 사느냐

얀 반 에이크, 「아르놀피니 부부의 초상」

결혼을 기념하는 최초의 예술 작품으로 평가받는 부부 초상화.

손을 잡은 것은 화합을, 남자가 오른 손을 든 것은 혼인 서약을 의미한다.

서양 미술사에서 가장 신비로운 명화의 하나로 꼽히는 유화 작품이다.

밀레, 「첫걸음」

농부인 아버지가 일하다 말고 삽을 버려둔 채 첫걸음을 떼는
딸아이를 향해 오라고 손을 벌리고, 어머니는 두 팔을 잡고 걸음마를
도와주고 있는 모습을 그렸다. 아장아장 걷는 것을 보고 싶어 하는
부부의 모습이 잘 표현돼 있다. 고흐도 이 그림이 좋아 따라 그렸다.

그래서 가족, 그래도 가족

'이게 가족이야?'

이런 말이 나올 정도로 가족이 확 쭈그러들었다. 그 변화를 생생하게 보여 주는 곳이 명절 때 서울역이다. 예전엔 서울역 광장과 대합실은 가족 단위로 밀려드는 인파로 북새통을 이뤘다. 부모들은 자녀를 업거나 안고 걸리며 여럿을 데리고 가느라 '귀성 전쟁'을 치렀다. 사람이 너무 많이 몰려 압사하는 사고가 일어나기도 했다.

이랬던 서울역 광경이 근래 눈에 띄게 달라졌다. 교통편이 분산된 데도 원인이 있지만 무엇보다 부모들이 동반하는 자녀가 크게 줄었다. 한두 명만 데리고 가거나 아이 없이 부부만 가는 경우가 대부분이다. 아예 혼자 가는 사람들도 많다. 2018년에는 아이 대신 반려동물 두 마리를 데리고 서울역에 나타난 한 미혼 여성의 사진이 신문에 실려 화제가 됐다.

이런 명절의 서울역 광장 모습은 우리나라 가족이 현재 어떤 상황에 놓여 있는가를 극명하게 보여 주는 사례다. 요즘 젊은이들이 가족을 보는 눈이 차가워졌다. 가족에 냉소적이다. 자신들을 얽매는 굴레나 짐처럼 여긴다. 가족이 왜 필요하냐고도 한다. 가족 하면 고

개를 절레절레 흔드는 사람도 있다.

그런데, 가족이 이렇게 폄훼돼도 되는가? 가족이 없어도 되는가?
아무리 성공하고 재물이 아무리 많아도, 모든 걸 다 가졌다 해도 가
족이 없으면 '없이 사는 것'이나 다름없다. 다 가진 것이 결코 아니라
는 말이다. 물론 가족 간에도 문제가 있는 건 사실이다. 가족 때문에
깊은 상처를 받은 사람도 적지 않다. 가족이 남만도 못하다며 분노
하기도 한다. 하지만 가족은 사람 사는 세상에 기초가 되는 공동체
다. 가족이 이뤄짐으로 구성원이 자손을 낳고 그 자손이 자손을 낳
음으로 인간 생태계가 유지되는 것이다.

사람에게 종족 보존이 필수적이기에 이와 관련해 상상을 초월하
는 혹등고래의 짝짓기 여행을 소개하고자 한다. 미국 고래연구단체
인 웨일 트러스트 마우이 연구팀은 2022년 2월 혹등고래가 상대를
찾아 장장 5,994㎞나 움직인다는 사실을 알아냈다. 멕시코 지후아
타네호에서 하와이 마우이까지 그 먼 거리를 49일에 걸쳐 이동한 것
이다. 혹등고래는 몸길이가 최대 16m에 몸무게가 30~40t에 이른
다. 그 거구로 낮밤 없이 시속 4㎞의 속도로 찾아간 셈이다.

가족이 왜 좋아?
가족이니까, 그냥
가족이 왜 있어야 하는 거야?

있으면 좋으니까, 그냥

가족이 뭐길래 그래?

소중하니까, 그냥

가족은 그냥 가족이란다

이 졸시는 필자가 가족에 관한 글을 쓰면서 거의 즉흥적으로 지어 본 것이다. 가족에 '그냥'이란 말을 붙이니 아주 자연스럽게 쓰였다. 군더더기 같은 다른 말이 필요 없다. 깊이는 없지만 가족을 나름대로 표현했다고 본다. '그냥'은 이 세상 말 가운데 가장 부담이 없는 말이다. 가족에 너무 잘 맞는다. 가족은 그냥 가족이다. 그런데 가족 뒤에 붙으면 안 될 말이 있다. 바로 '~없다'이다.

나는 '가족'이라는 말만 들어도 코끝이 시큰해진다. 가족 바라기다. 마냥 좋다. 있다는 것만으로도 힘이 된다. 가족은 내가 존재하는 이유이기도 하다. 가족은 나에게 너무 소중하다. 가족이 소중한 사람을 만들고 사람이 소중한 가족을 만든다. 가족이 아무리 싫어도, 가족이 차라리 없었으면 하는 사람이 있어도 그래도 가족은 있어야 한다. 가족이 없으면 사회와 나라는 존재할 수 없다. 없어서는 안 되는 공동체이다. 그래서 가족이다. 이것이 가족이 있어야 하는 가장 중요한 이유다.

충북도의 아이 낳고 기르기 좋은 친화도 캠페인 모습

김영환 충북도지사(사진 중앙)가 도청 직원들과 함께

'아이 낳고 기르기 좋은 친화도(道) 만들기 캠페인'을 펼치고 있는 모습.

김 지사가 출산율 높이는 데 크게 기여한

'출산육아수당 1,000만 원' 표지판을 들고 있다.

4장

총동원이 답

아이 하나 키우는 데 온 나라가 필요하다

혼자 사는 젊은이들 생각이 바뀌어야 혼살이 줄어든다

경기도 성남시청이 주선한 미혼 남녀 커플 매칭 행사

성남시는 2023년 결혼을 권장하기 위한 방안의 하나로 20~30대

미혼 남녀의 만남을 주선하는 '솔로몬의 선택'을 성공적으로 치러 냈다.

7~11월 다섯 차례 행사에 80~100명씩 총 460명이 참가해서

모두 99쌍(198명)의 커플이 나와 43%의 매칭률을 기록했다.

인구가 국가 흥망 가른다

위기 · 재앙 · 절벽 · 소멸 · 절멸 · 파국 · 쇼크….

이런 섬찟한 낱말이 들어가야 제대로 설명이 되는 것이 있다. 바로 우리나라 인구다. 그만큼 심각한 문제다. 인구는 정치에서부터 사회 · 경제 · 문화는 물론 일상생활에까지 영향이 안 미치는 곳이 없다. 그래서 '인구가 모든 것의 모든 것'이라고 불리기도 한다.

이젠 '인구가 국력'이다. 인구는 경제가 성장하는 데 필수조건이다. 일찍이 중국의 마오쩌둥은 "사람이 많아야 국력도 강해진다(人多力量大)."고 말했다. 이런 중국의 인구 동향이 심상치 않다. 2022년 추정 합계출산율이 1.09명으로 떨어져 인구가 14억 1,175만 명으로 감소하며 14억 3,058명인 인도에 1위 자리를 내줬다. 땅은 넓고 물산은 풍부하며 사람은 많다(地大物博人多)는 중국에서 인구가 감소했다는 것은 세계사적인 사건이다.

저출산이 심각해지자, 시진핑 중국 국가주석은 2023년 10월 인구 감소를 막기 위해 자국 최대 여성단체인 중화전국부녀연합회에 출산 지원 정책을 추진하라고 촉구했다. 여성은 일터에서 사회인의 역할을 하기보다는 결혼과 출산을 목표로 삼아 집에서 아이를 낳고 돌봐야 한다고 말했다. 일본은 출산율을 높이기 위해 다양하고 파격적인 대책을 내놓고 있다. 북한 김정은도 2023년 12월 전국어머니대회에서 직접 연설하며 출산과 양육의 중요성을 강조했다. "어머니들이 자식을 많이 낳아 키우는 것이 애국"이라고 했다.

우리나라는 어떤가. 0.65명까지 떨어진 출산율이 더 이상 하락하지 않게 저지해야 하는 절체절명의 상황에 놓여 있다. 골든 타임도 놓쳤다. 국가 소멸론까지 나오면서 '출산이 국가지대사(國家之大事)'가 됐다. 가장 절박하고 시급히 해결해야 할 국가의 현안이기 때문이다. 그런 만큼 저출산 문제 해결에는 보다 정확한 원인 분석과 접근이 중요하다.

필자는 세 갈래로 나눠 해결책을 모색하는 것이 바람직스럽다고 본다. 그 첫째는 정부와 지자체, 그리고 기업체에서 강구할 수 있는 수단을 총동원하는 것이다. 둘째는 혼자 사는 젊은이들의 의식 전환을 계도해 혼인율과 출산율을 높이는 일이다. 셋째는 현재의 인구 감소 상황을 그대로 받아들여 적응시키면서 사회 및 경제 등 제반 부작용과 문제를 연착륙시키는 것이다.

필자는 첫째 것이 가장 중요하지만 현 시점에선 혼자 사는 젊은이들의 생각을 바꾸는 일이 더 시급하다고 생각한다. 혼살이에 대한 막연한 선망을 접게 하고 가족의 가치 의식을 고취시킴으로써 결혼하도록 계도하는 일이 중요하다고 보는 것이다. 셋째와 관련해서는 국제통화기금(IMF)의 '축소경제(슈링코노믹스Shrinkonomics)'에 대비해야 한다는 촉구에 부응해야 한다. 인구 전문가인 조영태 서울대 교수는 "축소사회로 가는 것이 불가피한 상황인 만큼 인구 감소를 위험으로 보지 말고 새로운 사회를 만드는 기회로 삼아야 한다."고 강조했다.

한편, 인구 감소가 땅덩이가 좁은 우리나라에 바람직스러운 현상이라고 보는 사람들도 있다. 인구 밀도가 매우 높은 데다 현재 인구가 적정 인구를 웃돌고 있다는 시각이다. 우리나라 인구밀도는 1㎢당 155명으로 세계 3위다. 인구 감소가 큰 복이고 행운이라는 주장도 있다. 재러드 다이아몬드 미국 캘리포니아대(로스앤젤레스) 교수는 2022년 5월 "한국의 낮은 출생률은 '위기가 아닌 '기회'"라고 말했다. 청년층에는 인구 감소가 되레 좋은 기회라는 지적도 있다. 높은 인구밀도로 부동산 등 수많은 사회적 이슈가 발생하고 청년실업률이 높았기 때문이다.

이런 견해들은 그럴싸하게 보이는 측면도 있다. 그러나 충분히 검증된 것들도 아니고 출산율은 너무나 심각한 수준이다. 아이를 안 낳는 나라의 미래는 보장되지 않는다. 이게 문제 중의 문제다.

부총리급 인구가족부 신설 시급하다

비상 상황이면 대책은 위기관리 차원이 돼야 한다. 저출산 대책이 그렇다. 전방위적이고 파격적이어야 한다. 윤석열 대통령이 2024년 신년사에서 저출산 문제를 두고 "지금까지와는 다른 차원의 접근이 필요하다."고 한 것은 사태를 제대로 본 것이다. 그간의 경험상 대책이 효과를 거두려면 무엇보다 대통령이 앞장서야 한다. 이와 함께 국가 행정의 총역량을 한데 모으고, 할 수 있는 정책과 방안을 다 내놔야 한다.

가장 시급한 것은 컨트롤 타워의 집행기구화다. 현재의 저출산고령사회위원회와 같은 변방 기구로는 안 된다. 먼저 태스크포스를 꾸려 정부정책을 재점검하고 판을 새로 짜야 한다. 저출산 정책은 20년 가까이 380조 원이 넘는 막대한 예산을 투입하고도 효과를 내지 못했다. 가장 큰 이유는 저출산 정책을 이끌고 나갈 '거버넌스'의 부재 때문이다. 업무가 각 부처에 산재해 있는 데다 정책 수립은 물론 예산과 집행 등 실질적인 업무를 추진할 수 없었던 게 사실이다.

일본이 어린이가정청을 설치했듯 우리는 이보다 더 큰 기구를 만들어 저출산 정책을 다뤄야 한다. 독일의 가족 · 노인 · 여성 · 청소

혼자 사느냐 함께 사느냐

년부와 같은 부처가 필요하다. 여성가족부와 저출산고령사회위원회의 기능에 보건복지부가 관장하는 고령자 대책 등을 합해 가칭 '인구가족부'로 확대 개편하자는 것이다. 부처 수장도 부총리급이 돼야 한다.

둘째, 출산 장려 예산도 크게 늘려야 한다. 돈으로 저출산을 해결할 수 없다고는 하지만 돈 없이는 어떤 일도 할 수 없다. 현재 우리나라의 저출산 예산은 GDP의 1.59% 수준이다. 이는 OECD 국가의 2.4%에 비해 크게 낮다. 세수 조달에 어려움도 있겠지만 빠른 시일 안에 OECD 평균 수준으로 높여 나가야 한다. 특히 현금 출산장려금은 통 크게 지원해야 효과가 있다(후술).

셋째, 성평등을 보장해 여성의 경력 단절이 없도록 해야 한다. 일과 육아의 양립을 위해 출산휴가와 육아휴직이 제대로 이행되는지 챙겨야 한다. 아이 돌봄을 위해 재택근무와 유연근무도 확대돼야 한다. 좀 빠르기는 해도 주 4일 근무제의 도입도 이젠 검토해 볼 만하다. 격주는 가능할 것 같다.

넷째, 비혼 출산을 제도권 안으로 끌어들여야 한다. 비혼 출산을 바람직스럽지 않게 보는 국민적 정서가 아직도 강하다. 규범이나 관련 법들이 장애물이 되고 있는 것도 현실이다. 우리나라의 비혼 출산율은 3%에도 못 미친다. 60%가 넘는 프랑스에 비하면 턱없이 낮다. 비혼 출산은 2020년 일본 출신 방송인 후지타 사유리 님이 비혼 출산을 하자 뜨거운 이슈로 떠오른 바 있다.

다섯째, 임신이 어려운 난임 대상자들에 대한 지원 강화다. 난임 시술은 정신적으로 힘든 데다 비용 부담이 크다. 그런 만큼 검사나 시술비 지원을 횟수에 관계없이 해 줘야 한다. 난임 휴가도 충분히 줘야 한다. 아직 난임이 아닌 젊은이들이 난임의 고통 속으로 들어가지 않게 예방 정책도 펼쳐야 한다.

여섯째, 이민을 적극 검토할 때가 됐다. 지금부터 아이를 둘씩 낳아도 생산인구 확충으로 이어지기까진 20~30년이 걸린다. 이민청을 신설하되 해외동포청과 합쳐 이민해외동포청을 설치하는 것이 바람직해 보인다. 외국인 가사도우미 도입도 시급한 실정이다.

가칭 '인구가족부'가 신설된다면 정부, 지자체, 기업, 젊은이, 인구전문가, 사회학자 등으로 다양하게 구성된 통합 자문기구를 두는 것을 제안하고 싶다. 이렇게 해야 효과적인 정책을 도출해 낼 수 있다. 나는 정부가 펼치고 있는 정책이 실효를 거두지 못하고 있는 것은 현장의 다양한 의견 수렴 부족에도 한 원인이 있다고 본다.

혼자 사느냐 함께 사느냐

'혼살이' 증가 억제에 답이 있다

얽히고설킨 실타래.

우리나라 저출산 문제가 딱 그런 상태다. 난제(難題) 중의 난제라서 다각적으로 그 원인부터 잘 따져 봐야 한다. 인구가 급증하자 정부는 1961년부터 산아 제한에 나섰다. 처음엔 자녀 수를 셋으로 줄이는 것으로 시작됐다. 1970년대부터는 둘만 낳자는 쪽으로 몰아갔다. 1980년대 들어서는 한 명만 낳아 잘 기르자고 더욱 조여 나갔다.

그 결과 1983년엔 출산율이 2.06명까지 떨어졌다. 1991년에 사실상 산아제한정책이 중단됐지만 정부는 인구 문제에 거의 손을 놓았다. 그러다가 뒤늦게 2005년 9월에 저출산고령사회위원회를 만들고 출산 장려로 돌아섰다. 그 후 2023년까지 각종 지원 제도를 도입하고 막대한 자금을 투입했다. 그럼에도 출산율은 해마다 떨어졌다.

필자에겐 여기에서 다섯 가지 문제점이 짚인다. 하나는 산아 제한 정책을 일찍이 폐기했어야 했다는 점이다. 때를 놓쳤고 많은 시간을 허송했다. 두 번째는 출산 지원 정책이 너무 늦게 시행됐다는 점이다. 일본은 우리나라보다 일찍 저출산 대책을 시행해 상당한 효과를 거뒀다. 세 번째는 혼자 사는 사람들이 세계에서 유례를 찾아볼 수 없을 정도로 단기간에 폭증하고 있다는 사실이다. 네 번째, 가족을 등한시하는 풍조가 만연하면서 가족이 무너지고 있다는 점이다. 다섯 번째, 현금 지원을 찔끔찔끔해 주는 바람에 정책의 효과가 미미하다는 것이다.

이런저런 요인이 겹치고 겹쳐 저출산은 풀기 어려운 난제가 됐다. 그런데 저출산 해법을 모르는 사람은 없다. 누구나 부담 없이 결혼할 수 있고, 걱정 없이 아이를 낳고 키울 수 있는 행복한 환경과 제도를 만들면 된다고 말한다. 하지만 이게 어디 쉬운 일인가. 이를 이루기 위한 수단과 정책을 합의 · 도출하고 실행하는 과정도 어려울 뿐 아니라 복잡하고, 막대한 예산이 뒷받침되지 않으면 안 되는 것이다. 백가쟁명식으로 사람마다 다른 해결책을 제시하고 나오는 것도 이 때문이다.

나는 이 세 번째에 특별히 주목한다. 필자는 사회학자나 인구학자도 아니지만 이것 말고는 더 특별한 이유나 원인을 찾을 수 없다. 혼자 사는 사람들이 늘어나는 것은 세계적인 추세다. 하지만 우리나라와 같은 단기 급증은 다른 나라에선 있지 않은 현상이다. 젊은이들이 결혼을 하지 않는 이유는 여럿 있지만 유행병처럼 번지는 혼살이가 주요인의 하나라는 게 필자의 견해이다. 이 때문에 돈을 풀고 각종 지원 정책을 내놓아도 먹혀들지 않는 것이다.

혼자 사는 사람들에겐 각자 혼자 사는 이유가 있을 터다. 개중에는 그럴 만한 이유도 있지만 사회 풍조와 분위기에 휩쓸려 혼자 사는 사람이 너무 많은 것 같다. 친구 따라 강남 간다는 말처럼 주관 없이 남 따라 혼자 사는 사람도 적지 않다. 인스타그램이나 휴대폰 등을 통해 실제 삶보다 심하게 과대 포장된 잘사는 사람, 잘생긴 사람, 잘나가는 사람들을 선망하며 살다가 자신의 '현타'를 절감하면서 좌절감에 빠져 결혼은커녕 연애조차 안 하는 경우도 많다. 체면 때문에 잘 받아들이지 못하는 문화적 · 심리적 요인이 크게 작용하고 있는 것이다. 만남과 교제 과정이 없게 되니 그다음 단계는 언감생심일 수밖에 없다.

이제 저출산에 의한 인구 감소 문제는 혼살이에서 실마리와 하나의 대안을 찾아야 한다. 유행병처럼 번지는 혼살이 증가를 막아야 하는 것이다. 이러기 위해서는 젊은이들의 의식 전환 캠페인을 대대적으로 벌여야 한다. 편하기 때문에 그냥 혼자 산다는 젊은이들이 많아서다. 이는 '지금의 삶이 지난날 청소년기의 삶보다 나으면 결혼하고 그 반대면 결혼을 미룬다'는 미국 리처드 이스털린 교수의 '코호트 가설'만으론 설명이 안 된다.

혼살이가 늘어나는 것을 막기 위해서는 먼저 젊은이들이 혼살이에 대해 막연한 선망을 갖지 않도록 계도해 나가야 한다. 혼자 살면 자신의 노후가 어떻게 되는지, 인구 감소로 나라에 어떤 영향을 미치는지에 대한 심각성을 널리 알려야 한다. 거부감이 있겠지만 적극적으로, 그리고 거국적으로 결혼과 출산 장려에 나서야 한다. 이런 운동을 펼치는 게 무슨 효과가 있겠느냐고 비난하는 사람이 많겠지만 우리나라의 출산율은 나라가 망하는 출산율이라고 해도 지나치지 않을 정도다. 그러니 이렇게라도 해야 한다. 그런 만큼 지자체는 물론 언론·방송·종교단체의 기능과 역할이 어느 때보다 필요한 시점이다(후술).

과세를 통한 방법도 있다. 혼자 사는 사람과, 결혼하거나 결혼해 출산하는 사람과 세금 부과에 차별을 두는 것이다. 프랑스에서 시행하고 있는 '가족합산과세제도'가 그것이다. 가족합산과세제도란 세금을 개인소득에 부과하는 것이 아니고 가구원 수가 많으면 많을수록 세금을 낮춰 주는 것이다. 일부에서 '싱글세' 도입을 거론하지만 이는 역차별 논란을 불러올 수도 있고 논리적으로도 합당하지 않다. 결혼과 출산을 장려하기 위해서는 어떤 방법으로라도 다자녀 가정엔 인센티브를 줘야 한다. 모든 수단 가운데 인센티브를 주는 것만큼 효과적인 것은 없다.

가족을 살려야 저출산 문제도 풀린다

무엇이든 무너지면 큰 문제다.

현재 우리나라 가족이 그런 상황에 놓였다. 가족이 무너지면 인구 생태계가 무너진다. 인구와 가족이 상호 밀접하게 연관돼 있기에 가족 생태계 복원이 더없이 시급한 과제다. 무너지는 가족을 일으켜 세우려면 젊은이들의 생각과 의식을 가족 가치를 중시하는 방향으로 계도해야 한다. 정부의 저출산 정책에도 이런 점이 어떤 형태로든 반영돼야 한다. 나는 가족을 살리려면 다섯 가지에 중점을 두어야 한다고 제안한다. '가족 만들기 5계(戒)'다.

첫째, 가족을 중시하자.

가족 살리기에서 가장 우선적으로 해야 할 것이 가족 중시 의식의 고취다. 갈수록 심각해지고 있는 저출산 문제는 가족을 가볍게 보는 데서 비롯된 측면들이 많다. '가족이 왜 필요하나', '굳이 가족이 있어야 하나' 하는 회의에서 비롯된 영향이 크다. 가족을 소중히 여기는 분위기가 조성되어야 하는 다른 이유가 더 있다. 젊은이들이 결혼과 출산을 결정할 때 친구나 지인 등 주변 사람들의 영향을 많이 받기 때문이다. 어떤 사람은 결혼한 친구가 후회하는 모습을 보고 결혼을 하지 않겠다고 말한다. 반면 결혼한 친구가 잘 사는 것을 보고 결혼해야겠다고 생각하게 된 사람도 있다. 출산도 마찬가지다. 육아와 직장 생활을 하며 너무 힘들어하는 지인을 보고 아예 출산을 포기했다는 사람이 있다. 이에 반해 아이 키우기가 힘들지만 아이가 큰 기쁨과 힘을 주기에 출산하기를 잘했다는 사람도 있다. 우리 둘째 딸이 바로 후자 쪽이다.

둘째, 가족을 만들자.

저출산 상황에서 가장 시급하고 중요한 것이 가족 만들기다. 가족 만들기의 첫째는 결혼이다. 혼자만으로는 가족을 만들 수 없다. 먼저 결혼을 해야 하고 자녀를 낳아야 된다. 아이 울음소리가 많이 들리고 웨딩마치가 많이 울려야 한다. 나는 경험자의 입장에서 이 두 가지는 꼭 하라고 권면하고 싶다. 무엇보다 아이는 꼭 낳아야 한다. 장석남 시인은 "내가 반 웃고 당신이 반 웃고 돌멩이 같은 아이 낳으면 마을을 환히 적시리라."(시 「그리운 시냇가」)고 했다.

셋째, 가족을 불리자.

가족 만들기에서 더 나가야 할 것이 가족의 몸집을 불리는 것이다. 현재의 인구 수준을 유지하려면 최소한 합계출산율이 2.1명은 돼야 한다. 이런 관점에서 가장 바람직한 모델이 '(1+1)+2=4'이다. '1+1'이란 결혼하는 것이다. 여기에 2명의 자녀를 두어 4인 가족을 만들자는 것이다. 식탁의 다리도 네 개다. 단둘이 먹는 것보다 자녀 두 명과 넷이서 식탁에 앉아 밥을 먹으면 얼마나 보기에 좋을까. 그래서 나는 '식탁 다리론(論)'을 펴고 싶다.

넷째, 가족을 살피자.

자신의 가족이 현재 어떤 상태인지 살펴보는 것도 아주 중요하다. 한마디로 '가족이 안녕한가?'다. 사람들은 살면서 무심코 지나치는 일들이 많다. 군대를 갔다 온 사람들은 부대 수송부에 부착된 '닦고, 조이고, 기름 치자'라는 문구를 많이 보았을 것이다. 자신의 가족에 대해 살피는 것도 꼭 같은 이치다. 어디에 문제가 있고, 무엇이 문제인지를 점검해 보자는 것이다.

다섯째, 가족을 지키자.

가족에 문제가 있으면 가정은 깨지기 쉽다. 문제가 드러나면 그 원인과 대책을 찾아내고 고쳐서 가정을 지켜야 한다. 물건이 깨지면 안 되는 것처럼 가족도 마찬가지다. 물건이야 깨지면 다시 사면되지만, 가족이 해체되면 원상회복이 쉽지 않다. 요즘 이혼이 너무 많다. 혼자 사는 사람들이 많은 것처럼 이혼한 사람들도 많다. 이젠 흉이 되지 않을 정도다. 이혼을 '너무 쉽게' 생각한다. 황혼이혼은 그렇다 쳐도 젊은 부부의 이혼이 많은 게 특히 문제다. 인생에서 이혼처럼 불행한 일은 없다. 나는 이혼하기를 잘했다는 사람보다 이혼하고 후회하는 사람들의 이야기를 더 많이 들었다.

지자체에선 과하다 할 정도 대책 내놔야

저출산 문제 해결에 정부 못지않게 중요한 일을 해야 할 곳이 바로 각급 지방자치단체들이다. 각급 지자체는 행정의 일선이기에 지나치다 할 정도로 파격적인 대책을 내놓고 촘촘히 시행해야 한다.

경상북도가 '저출산과의 전쟁'을 선포했다. 이철우 지사는 2024년 1월 9일 간부 회의에서 "지금 상황은 '초저출산과의 전쟁 선포'라는 말밖에는 달리 표현하기 어려운 국가적 위기 상황"이라며 "저출산 문제를 해결하기 위해 전 부서에서 팀별로 세세한 부분까지 대책을 세우라."고 지시했다. 경북도는 출산을 지원하기 위해 2008년부터 운영을 중단해 온 김천의료원의 분만실을 2024년 1월부터 다시 운영하기로 했다. 이 분만실에서 2월 20일 15년 만에 첫아이가 태어났다.

서울에서 태어난 신생아와 부모들은 소득 자격 조건 없이 누구나 출산·돌봄·양육 등 다양한 지원 혜택을 받을 수 있다. 오세훈 시장은 2024년 1월 2일 강북삼성병원을 찾아 새해 첫둥이를 출산한 산모와 배우자를 만나 "소중한 출생이 어떤 기쁨보다 우선하도록 다양한 '탄생응원' 제도와 정책을 종합적으로 제공함으로써 부모와 아

혼자 사느냐 함께 사느냐

이들이 모두 행복한 도시 서울을 만들어 나가겠다."고 밝혔다. 오 시장이 구상하는 저출산 대책은 파격적인 출산 인센티브와 동시에 미래를 대비하는 선제적 정책을 수립함으로써 미리 내다보고, 먼저 준비하겠다는 것이다.

충북도는 출산육아수당 1,000만 원 지원을 비롯, 임산부 패스트트랙 등 촘촘하고 실질적인 저출산 대책으로 성과를 내고 있다. '아이 낳고 기르기 좋은 1등도(道)'를 목표로 여러 정책을 내놓은 영향이다. 김영환 지사는 "100억 원짜리 경제 효과를 가져오는 기업 하나 유치하는 것보다 아이가 한 명 태어나는 것이 더 생산적"이라고 밝혔다. 그 결과 충북도의 2023년 출생 신고 건수가 전년 대비 1.5% 늘었다. 충북도는 2023년 말에 전국 최초로 임산부를 국가유공자급으로 예우하는 조례도 제정했다. 김 지사는 2024년엔 반값 아파트 건립을 추진하겠다고 밝혔다. 청주시내 부지에서 250세대를 지어 임대 후 분양 방식으로 공급한다는 것이다.

인천시는 2023년 12월부터 출산하면 18세까지 1억 원을 지원하는 '1억 플러스 아이드림(1억+i dream)' 정책을 시행 중이다. 이와 관련, 유정복 시장은 "좀처럼 해결되지 않는 저출산 문제 해결을 위해 인천형 출산정책을 추진하겠다."고 밝히고 1억 원 지원이 핵심 정책이라고 설명했다.

경기도 성남시는 출산율을 높이기 위한 정책의 일환으로 20~30대 미혼 남녀의 만남을 주선하는 행사를 대대적으로 벌이고 있다. 결혼을 촉진하기 위해서는 만남의 성사가 선행되어야 하기 때문이다. 2023년 7월부터 11월까지 다섯 차례 행사에 80~100명씩 모두 460명이 참가, 99쌍의 커플이 나와 43%의 매칭률을 보였다. 신상진 시장은 "20~30대에 가정을 이루는 데 필요한 충분조건이 갖춰지지 않은 것은 사실이지만 젊은이들이 너무 조건만 따지지 말고 본능이 이끄는 대로 살았으면 좋겠다."고 조언했다.

전남도는 2024년에 태어난 출생아에 대해 18세까지 매달 20만 원의 출생수당을 지급하기로 했다. 재원은 도에서 10만 원, 시군에서 10만 원씩이다. 이에 따라 첫째 아이를 가진 가정은 4,320만 원, 둘째 아이가 있는 집은 8,640만 원, 아이가 셋이면 1억 2,960만 원을 받게 된다.

충북 영동군은 결혼 후 지역에 정착하는 45세 이하 청년 부부에게 1,000만 원의 정착지원금을 준다. 아이를 낳아 키우는 부부에게 생애주기에 맞춰 최대 1억 2,400만 원을 지급하는 '1억 원 성장 프로젝트'를 시행하고 있다. 2025년 안에 청년센터를 짓고 청년보금자리 주택도 지을 계획이다.

혼자 사느냐 함께 사느냐

현금 지원은 5,000만 원은 돼야 효과

무료, 그리고 원스톱….

요즘은 임신·출산·육아에 이르기까지 거의 모든 과정에서 예전만큼 많은 돈이 들지 않는다. 지원이 많기 때문이다. 서울 강남구의 예를 보자. 보건소에선 예비부모를 대상으로 혈액 및 소변검사를 통해 임신 기능을 체크해 준다. 임신하면 태교와 분만 과정 등에 대한 특강이 있다. 풍진과 백일해 예방 접종, 임신 확인 검사 등 관리에 들어간다. 출산하면 산모와 신생아를 위한 건강관리사의 지원을 받는다. 보건소 난임·임신·육아 상담센터에서 해 준다.

경제적인 지원도 많고 다양하다. 첫째를 낳으면 첫 달에 ▲출산양육지원금 200만 원 ▲산후건강관리비용 최대 50만 원을 합쳐 250만 원을 지원받는다. 여기에 정부 지원사업으로 ▲첫 만남 이용권 ▲부모급여 ▲아동수당 ▲임산부교통비, 서울시 지원사업으로 ▲산후조리경비 ▲엄마아빠택시 승차를 지원받게 되면 최대 740만 원까지 받는다. 출생 이후 받게 되는 보육료와 가정양육수당, 아동수당, 부모급여까지 포함하면 연간 수천만 원이 된다.

출산휴가와 육아휴직제도도 많이 좋아졌다. 출산하면 신청하지 않아도 육아휴직을 쓸 수 있는 '자동 육아휴직제'가 도입된다. '6+6 부모육아휴직제'도 시행된다. 출생 18개월 이내 자녀의 부모가 동시 혹은 순차적으로 육아휴직을 사용하면 첫 6개월에 부모 각각의 육아휴직 급여가 최대 월 450만 원(통상임금의 100%)까지 지원된다.

이 정도면 세계 어느 나라와 비교해도 큰 손색이 없다. 미국 등 외국에서 출산하고 양육해 본 엄마들은 한국같이 좋은 나라가 없다고 말할 정도다. 이런데도 출산율이 0.6명대까지 떨어진 것을 두고 '출산율 미스터리'로 보는 시각도 있다. 그런 만큼 출산율을 높이기 위해서는 할 수 있는 수단과 방법을 다 내놔야 한다. 무엇보다도 현금 지원을 획기적으로 많이 줘야 한다. 이미 몇몇 시군에서 거액의 출산장려금을 준 전례가 있다. 충북 괴산군에서는 셋째 아이를 낳아 출산장려금으로 1억 원을 받은 가정이 처음으로 나왔다.

그러나 이런 거액의 출산장려금 지원에는 몇 가지 문제점이 있다. 출산율을 높이는 데는 다소 효과가 있지만 가뜩이나 열악한 지방의 재정 부담을 가중시킨다. 출산장려금을 많이 주는 곳으로의 이사를 부추길 우려도 있다. 위장 전입할 가능성도 많다. 장려금을 많이 주는 곳의 인구는 다소 늘겠지만, 먼저 살던 곳의 인구는 오히려 그만큼 줄어든다. 2021년 광주광역시의 경우 출산축하금을 100만 원으로 늘리고 생후 24개월까지 지급하는 육아수당을 신설했다. 그러자 직전 해 0.81명이던 합계출산율이 0.90명으로 올랐다. 하지만 광주와 인접한 7개 시군은 전년보다 합계출산율이 평균 26.9% 줄었다. 일부 자치단체에선 인구를 늘리기 위해 포상금까지 내걸고 타 지역 주민 데려오기에 나서고 있다. 이런 주민 늘리기는 나라 전체로 볼 때는 그게 그거다. 제로섬이다.

국가가 거액 출산장려금을 일괄 지원하면 이런 부작용을 막을 수 있다. 물론 돈을 많이 준다고 결혼하고 아이를 낳는 것은 아니다. 하지만 돈만큼 매사에 효과적인 수단은 없다. 출산 장려 현금 지원은 통 크게 5,000만 원은 돼야 한다. 찔끔찔끔 주면 효과가 적다. 현재 태어나는 아이가 20만 명도 채 안 되니 이렇게 줘도 10조 원이면 된다. 이 정도는 돼야 출산하려는 사람이 나올 것 같다.

거액의 출산장려금 지원에 대한 반론도 크다. 먼저 막대한 예산이 투입되는 데다 정부 지원 의존도를 높여 자생적인 출산 증가를 기대할 수 없다는 것이다. 인구 감소를 결혼과 출산으로만 해결하려는 정책은 성인지적 관점이 완전히 배제된 것이라는 주장도 있다. 현금 지원보다 사회구조적인 문제로 해결해야 한다는 것이다. 물론 이런 점들은 감안해야겠지만 이런 것 저런 것 따지다가는 아무것도 못한다. 그만큼 저출산 문제는 심각하고 위중하다.

다른 나라 좋은 정책 벤치마킹 시급

일본, 어린이가정청 신설하고 출산 총력전

"2030년까지가 반전의 마지막 찬스다. 모든 역량을 총동원해 '이 (異)차원 소자화(저출산) 정책'을 추진하겠다."

기시다 후미오 총리는 지금까지 내놓은 것과는 차원이 다른 정책을 펼치겠다는 결연한 의지를 밝혔다. '지금 아니면 미래는 없다'는 것이다. 일본은 어린이가정청을 신설하고 어린이기본법을 제정했다. 일본엔 저출산과 어린이를 담당하는 장관급 부처가 있다. 2025년도부터는 자녀가 3명 이상인 다자녀 세대에 대해 가구 소득 제한 없이 모든 자녀에 모든 대학의 수업료를 면제하기로 했다.

새로 선보인 '무료 기저귀 정기배송 서비스'도 호평받고 있다. 아이를 길러 본 경험이 있는 배달원이 정기적으로 육아 세대를 방문, 무료로 기저귀 등 육아용품을 전달하는 서비스다. 2023년에 새로 도입된 것 가운데 눈에 띄는 것은 박물관 등에서 어린이가 있으면 먼저 들여보내는 '패스트 트랙 입장'이다. 연휴 때는 패스트 트랙 실시 시설을 홈페이지를 통해 소개한다. 도쿄에서 약 30㎞ 떨어진 지바현 나가레야마시에선 지하철역 맞은편에 송영(送迎)보육스테이션을 만들어 운영한다. 부모가 출근하면서 아이를 맡겨 놓으면 셔틀버스가 보육원에 신고 가고, 퇴근 시간 무렵엔 보육원을 돌며 아이를 태우고 스테이션으로 데려오는 것이다.

스웨덴의 높은 출산율 비결은 '성(性)평등'

성평등—.

100여 년에 걸쳐 저출산 대책을 모색해 온 스웨덴의 정책 핵심이다. 성평등은 철저하다. 1974년 세계 최초로 도입된 유급부모휴가제가 그 시발이다. 출산은 여성이 하지만 육아는 남녀가 공평하게 분담한다는 취지다. 여성은 출산 후 직장 복귀가 완전히 보장된다. 한 자녀당 부모가 사용할 수 있는 육아휴직 기간은 총 480일이다.

주목할 점은 육아휴직의 남성 할당제다. 480일 가운데 90일 이상을 부모 중 한쪽이 사용하도록 의무화했다. 아빠 휴가가 일반화되면서 '라테파파'란 말이 나왔다. 어린아이를 데리고 동네 카페에서 라테를 마시는 젊은 아빠를 뜻하는 말이다. 부모 휴가 480일 가운데 384일은 전일 돌봄이 필요한 영유아에 맞춰 아이가 4세가 되기 전까지 사용토록 했다. 아이가 아프면 집에서 아이를 돌보는 '바바(vabba) 제도'도 있다. 육아휴직의 원조 국가답다.

프랑스, 비혼 출산 장려로 출산율 높여

결혼이 아닌 방법으로도 출산율을 높인다? 프랑스에서는 가능하다. 우리나라에선 어림도 없는 일이지만 실제 그렇다. 혼외 출산이 주종을 이루기 때문이다. 전혀 차별받지 않는다. 2022년 프랑스의 출산율은 1.8명으로 우리나라의 두 배가 넘는다. 프랑스도 저출산으로 어려움을 겪었다. 1.65명까지 내려앉자 대대적인 부양책을 폈다. 먼저 혼외 출생을 제도권 안으로 끌어들인 것이다. 1999년에 도입한 '시민연대계약(PACS)'을 맺은 동거 커플에겐 결혼한 커플과 똑같은 출산 육아 지원을 해 준다. 출산율을 높이기 위한 대책의 하나로 출산 휴가 기간을 늘리고, 지원금도 늘릴 계획이다. 25세부터 남녀 모두 난임 검사를 무료로 받을 수 있는 방안도 추진되고 있다. 35세부터 하는 것은 너무 늦다는 판단에서다.

#헝가리, "돈 많이 줄 테니 아이 낳으세요"

출산을 장려하기 위해 돈으로 밀어붙인다. 헝가리는 GDP의 6%에 이르는 엄청난 돈을 풀어 출산을 독려한다. GDP 기준으로 우리나라의 1.59%에 비해 무려 4배, 2%인 일본의 3배나 된다. 한마디로 "돈을 많이 줄 테니 아이를 낳으세요."다. 대책의 핵심은 아이를 낳기로 약속하면 돈을 빌려주는 '미래 아기 대출'이다. 40세 미만의 초혼 여성에게 최대 1,000만 포린트(약 4,100만 원)를 무이자로 지원하는 정책이다. 5년 안에 아이를 출산하면 이자를 면제해 준다. 2명 이상 낳으면 대출금의 3분의 1을, 3명 이상 낳으면 전액을 탕감해 준다.

혼자 사느냐 함께 사느냐

스웨덴 아빠 육아휴직의 상징 '라테파파'들

육아휴직을 하고 가정에서 자녀를 돌보는 스웨덴 아빠들.

부모 한쪽이 반드시 90일을 써야 하는

육아휴직 할당제가 1995년부터 시행되고 있다.

기업도 저출산 해결에 책임 막중하다

출산 문제 해결에 기업의 협조는 필수적이고 책임은 막중하다. 기업의 역할은 아무리 강조해도 지나치지 않다. 수많은 젊은이들의 일터이고, 일자리가 출산에 직결될 만큼 중요하기 때문이다. 그래서 모든 게 가족 친화적이지 않으면 안 된다. 지원할 일도 한두 가지가 아니다. 출산휴가와 육아휴직 등이 잘 지켜져야 한다. 인사상 불이익도 없고 경력 단절이 되지 않도록 보장해야 한다. 2023년 노벨경제학상을 받은 클로디아 골딘 미국 하버드대 경제학과 교수는 "한국이 저출산 문제를 해결하려면 기업이 변해야 한다."고 강조했다. 이런 가운데 부영그룹에서 파격적인 출산 지원책을 발표해 화제가 됐다. 부영그룹이 쏘아 올린 출산 장려금 1억 원의 공은 앞으로 업계에 적잖은 파장을 미칠 것으로 기대된다.

부영그룹은 2021년 이후 태어난 직원 자녀에게 현금 1억 원을 지원하는 파격적인 출산장려책을 내놓았다. 이중근 부영그룹 회장은 2024년 시무식에서 심각한 저출산 문제에 대응하기 위해 이 같은 지원 대책을 발표했다. 이 회장은 "국가로부터 토지가 제공된다면 셋째까지 출산하는 임직원 가정은 출생아 3명분의 출산장려금이나 국민주택 규모의 영구임대주택 중 하나를 선택할 수 있도록 하겠

혼자 사느냐 함께 사느냐

다."고 밝혔다. 이날 직원 자녀 70명에게 70억 원이 지원됐다. 부영에 이어 농기계 전문 기업인 TYM(김희용 회장)이 출산 장려를 위해 직원이 출산하면 셋째 아이부터 1억 원을 지급하기로 했다. 이 회사는 첫째 출산에 1,000만 원, 둘째 출산엔 3,000만 원을 지급한다.

한미글로벌(회장 김종훈)은 출산 장려 면에서 선두이자 선도기업이다. 이 회사는 아이 키우기 좋은 환경을 만들어 주는 데 최우선을 둔다. 출퇴근 시간을 자유롭게 정하는 '탄력 근무 시스템'이 일찍이 시행되고 있다. 직원들은 오전 7시부터 10시까지 한 시간 단위로 출근 시간을 정할 수 있다. 어린이집에 다니는 자녀의 하원을 챙겨야 한다면 오전 7시에 회사에 나왔다가 오후 4시에 퇴근하게 된다. 건설사업의 관리(PM) 업체인 이 회사에선 셋째를 출산하면 무조건 승진이다.

KB국민은행은 은행권 최초로 '육아를 위한 재채용 조건부 퇴직 제도'를 도입했다. 육아휴직 2년을 모두 사용한 직원이 추가 휴직이 필요하면 3년 뒤 재채용 조건으로 퇴직을 할 수 있도록 하는 제도다. 복귀하면 퇴사 당시의 직급과 기본급 등급이 그대로 유지된다. 최대 5년 동안의 육아 기간을 갖게 되는 셈이다.

롯데그룹에서는 아이를 낳으면 육아휴직이 자동으로 시작된다. 2012년부터 시행해 온 제도다. 여성은 출산휴가 3개월 후 별도 신청

이나 상사 결재 없이 1년 이상 육아휴직에 들어간다. 남성도 의무적으로 1개월 이상 육아휴직을 써야 한다. 쓰지 않으려면 회사에 취소 신청을 하고 상사의 승인을 받아야 한다.

#SC제일은행은 출산·입양 휴가를 최장 100영업일로 늘렸다. 법정 배우자 출산휴가의 10배에 해당하는 기간이다. 사용 가능 기한도 출산·입양일 이후 1년으로, 법정 기한인 90일보다 길다. 기간 중 1회 나눠 사용할 수 있다는 점은 같다. 국내 대기업에서 배우자 출산휴가를 100일까지 확대한 것은 SC제일은행이 처음이다.

포스코는 국내 최초로 '육아기 재택근무제'를 도입했다. 만 8세나 초등학교 2학년 이하 자녀가 있으면 전일이나 반일 재택근무를 신청할 수 있다. 하루 8시간 근무를 4~6시간으로 줄였다. 반일 재택근무면 근무 시작 시간을 8, 10, 12시 가운데 선택할 수 있다.

강원도 춘천시에 남이섬 관광을 관리하는 ㈜남이섬에서 직원들에게 가장 인기 있는 곳은 선착장 근처에 있는 어린이집이다. 휴일도 없이 365일 문을 열어 직원들이 맘 놓고 자녀들을 맡기고 일을 할 수 있기 때문이다. 직원이 평생 다니고 싶은 회사를 만들기 위해 '출산부터 육아까지 함께한다'는 게 이 회사의 경영방침이다.

혼자 사느냐 함께 사느냐

언론이 계도하고 여론 이끌어야

　나라가 어려울 때는 언론이 적극 나서야 한다. 저출산 문제엔 더욱 그렇다. 때가 너무 늦은 감이 있다. 영향력이 막강한 방송, 신문, 온라인매체 등이 젊은이들을 계도하고 여론 형성에 적극 나서야 한다. 이게 언론의 시대적 사명과 역할이다. 저출산 문제는 정부 정책만으로는 효과를 거두기 어렵기 때문이다.

　언론의 힘은 1997년 외환위기 때 입증됐다. 당시 금 모으기 운동에 불을 지핀 건 언론이었다. 이 위중한 상황에서 국민들이 자발적으로 금 모으기 운동에 참여하는 데 크게 기여했다. 기대 이상의 성과를 거뒀다.

　저출산 문제는 외환위기와 같은 경제 문제와는 성격이 다르긴 하다. 그렇더라도 인구 위기가 어느 정도 심각한 것인가를 널리 알려야 한다. 혼자 사는 젊은이들이 크게 늘어나고 있는 상황에서 저출산의 위중함을 일깨우고 대안을 제시해야 한다.

　2023년 이후 인구와 저출산에 대한 언론의 관심이 높아지기는 했다. 조선일보는 2024년 현재 7년째 '아이가 행복입니다'라는 행사를 진행하고, 출산을 장려하는 회사를 소개하면서 매주 출생하는 아이들의 기사를 싣는다. 서울신문은 '인구, 대한민국의 미래다'를 주제로 포럼을 열고 특집 기사를 내보내고 있다. 하지만 방송에서는 눈에 띄는 게 별로 없다.

신문과 방송의 보도 내용도 바람직스럽지 않다. '혼자 살아도 괜찮아', '결혼 안 하면 어때', '아이는 꼭 안 낳아도 된다'는 투가 많다. 혼자 사는 젊은이들이 보거나 듣기 좋은 내용들이 대부분이다. 되레 조장하는 측면도 있다. 혼자 살거나 결혼을 안 하고, 출산을 안 하면 어떤 후과가 발생하는지에 대해 문제 제기는 별로 하지 않는다.

TV 프로그램에도 문제가 있다. TV 채널을 돌릴 때마다 건강 관련 방송이나 먹방 등은 넘쳐난다. 결혼과 출산을 장려하는 프로그램은 거의 없다. 어쩌다 나오는 것도 결혼·출산·육아가 불행·갈등·힘듦의 주요인인 것처럼 비친다. 너무 자극적으로 그려지기도 한다. 이를테면 「결혼 지옥」이라는 프로는 내용이 어떻든 이름부터 '지옥'이라는 말로 결혼에 대한 거부감과 혐오감을 갖게 한다. 「나 혼자 산다」라는 프로는 어떤가. 잘나가는 유명 연예인들의 혼살이를 다루면서 젊은이들에게 자신도 혼자 살겠다는 로망과 생각을 갖게 만드는 부작용도 있다.

명실상부한 공영방송 KBS는 더 달라야 한다. 저출산에 관한 특집

기획 등을 통해 문제의 심각성을 널리 알리고 다양한 계도 프로그램을 내보내야 한다. 젊은이들이 혼자 살지 않고 결혼해 아이를 낳는 것을 권장하는 프로그램을 방영해야 한다. 건전한 내용의 드라마 시나리오를 공모해 일일극이나 주말극으로 방영하면 좋을 것이다. 드라마가 아니더라도 좋은 콘텐츠나 아이디어 대국민 공모전을 통해 다양한 내용을 발굴해야 한다.

방송사나 종편에서는 시청률만을 의식해 선정적이거나 불륜을 다룬 막장 드라마만 방영해선 안 된다. 건전한 내용의 가족 관련 프로그램도 많이 내보내야 한다. '나 혼자 산다'는 등 혼살이에 관한 것만 방영하지 말고 '우리 함께 산다'거나 '가족과 함께 산다'는 내용도 보여 줘야 한다.

뒤늦게나마 저출산고령사회위원회가 2024년 1월에 한국방송협회와 '인구구조 변화 공동대응을 위한 업무협약'을 체결한 것은 잘한 일이다. 양측은 사회에 만연한 결혼과 출산에 대한 부정적인 인식을 개선하고, 청년 세대가 미래를 꿈꿀 수 있는 지속 가능한 국가의 토대를 구축하는 데 힘을 모으기로 했다. 협력 분야는 생명의 소중함, 출산과 양육의 가치와 보람, 가족 친화 사회 환경 조성, 사회와 청년 세대에 유익한 다양한 콘텐츠 제작·지원 등이다.

젊은이 접촉 많은 종교 단체, 할 일 많다

종교의 힘은 크다. 사람들의 생각을 바꾸는 데 종교만큼 위력을 발휘하는 것도 없다. 많은 사람이 모이는 집회장이고 이곳에서 설교나 강론이 이뤄지기 때문이다. 저출산 문제를 해결하기 위해 종교에 부여된 소임은 크다. 특히 '생육하고 번성하여 땅에 충만하라'는 성경의 교리를 따르는 교회나 성당들은 할 일이 많다.

"아이는 교회가 돌볼 테니 걱정 말고 낳으세요."
충남 당진의 동일교회는 어린이가 중심이다. 1996년 당진의 야산 입구에 비닐하우스를 치고 교회를 개척한 이수훈 목사는 "위급하고 답답할 때 아이를 정성을 다해 돌봐 드립니다."라는 광고를 내걸었다. 이 광고가 주효해 주부들이 찾기 시작했다. 부모가 도회지 큰 병원에 아픈 아이를 입원시킬 때 이 목사는 남겨진 아이들을 재우고 먹이는 등 돌봄에 정성을 들였다. 등록 교인 1만 5,000명으로 성장한 이 교회의 신자 3,000세대의 평균 자녀 수는 2.07명이다. 어린이집에서 200명이, 방과 후에는 비전스쿨에서 200여 명이 교회 안에서 자라고 돌봄을 받는다. 저출산 극복의 교회 모델이다.

다섯 낳으면 무려 1,000만 원-.

혼자 사느냐 함께 사느냐

서울 여의도순복음교회는 저출산을 국가재난 사태로 보고 2012 년부터 출산장려금 제도를 도입해 출산을 장려해 왔다. 2024년부터 는 첫째 아이 200만 원, 둘째 300만 원, 셋째 500만 원, 넷째 1,000 만 원으로 올렸다. 또 쌍둥이는 500만 원, 세쌍둥이는 1,000만 원 지원한다. 그동안 지급된 출산장려금 규모는 약 50억 원에 달한다. 출산을 축하하는 '헌아식(獻兒式)'이란 의식도 진행한다.

가톨릭에서는 미혼부모 지원 사업을 한다. 이를 위해 서울대교 구 안에 미혼부모기금위원회를 설치했다. 모든 생명은 그 존재 자체 로 아름답고 모든 가치에 우선해 존중받아야 한다는 취지다. 낙태를 죄악으로 본다. 미혼부모기금위원회는 후원대상자를 선정, 매달 50 만 원씩 지원한다.

대한불교조계종 사회복지재단은 결혼을 권장하기 위해 20~30 대 미혼 남녀가 자연스럽게 만날 수 있도록 돕는 1박 2일 템플스테 이 '나는 절로'를 확대하기로 했다. '나는 절로'는 인기 연애 리얼리티 프로그램 「나는 솔로(SOLO)」에서 이름을 따왔다. 2023년에 진행된 이 프로그램엔 남녀 각 10명씩 20명 모집에 2,500명이 지원, 무려 125대 1의 경쟁률을 기록하면서 화제를 모았다. 자연스러운 만남을 선호하는 젊은이들이 대거 지원한 것으로 재단은 보고 있다.

"내 영혼이 너무 힘들고 지칠 때….”

진눈깨비가 조금 내리는 10여 년 전 어느 날. 네덜란드의 소도시 상가 한복판에 머리가 벗겨진 초로의 남자가 자리를 잡습니다. 손을 모으고 나지막한 목소리로 "When I am down and, oh my soul, so weary…"를 부르기 시작합니다. 실의와 좌절에 빠진 사람들을 위로하고 용기를 주는 노래 「유 레이즈 미 업」입니다. 지나가던 사람들이 발걸음을 멈추고 노래를 듣고 응원합니다(유튜브).

버스킹의 주인공은 32년간 제빵 일을 하다 해고당한 마틴 허캔스입니다. 생계를 위해 거리로 나선 겁니다. 그가 절망에 빠져 있을 때 둘째 딸이 아빠를 일으켜 세웠습니다. 노래 잘하는 아빠의 재능을 알고 아빠 몰래 지역방송의 오디션 프로그램인 「Holland's Got Talent」에 대신 출연을 신청했습니다. 그는 아리아 「남몰래 흐르는 눈물」을 불러 당당히 우승했습니다.

감동적인 이 노래를 혼자 사는 여러분께 특별히 선사합니다. 여기엔 두 가지 뜻이 있습니다. 하나는 여러분이 힘들 때 일으켜 세워 줄 누군가가 꼭 있어 주기를 바라기 때문입니다. 넘어졌을 때 손을 잡아 줄 바로 그런 사람입니다. 다른 하나는 거부감이 드는 이 책을 읽느라 마음 상했을 여러분을 위로하기 위해서입니다.

저는 이 책에 좋은 시와 명화를 좀 많이 넣었습니다. 재미없고 딱딱한 제 글보다는 한 편의 시, 한 장의 그림이 더 와 닿을 것이기 때문입니다. 시와 그림은 그 자체로 많은 힐링이 됩니다. 이 책을 마무리하며 폴 세잔의 「사과와 오렌지」를 각별히 올립니다. 세잔의 그림에는 세잔의 기개와 발상의 전환을 여러분이 가져 줬으면 하는 간절한 바람이 담겨 있습니다.

세잔은 미술을 공부하기 위해 파리로 가면서 "나는 사과 한 알로 파리를 정복할 것"이란 유명한 말을 남겼습니다. 그는 기존의 원근법을 타파하고 선·면·색으로 공간 구성을 입체감과 생동감 있게 표현해 미술의 흐름을 확 바꿔 놓았습니다. '세계를 바꾼 세 개의 사과' 가운데 하나가 바로 세잔의 사과입니다. 젊은이들이 혼살이에서 벗어나는 데 필요한 것이 이런 기개와 발상 전환입니다.

혼자 사는 사람은 현재를 보고 살지만 함께 사는 사람은 미래를 보고 삽니다. 혼자 사는 사람은 다른 사람은 보지 않고 살지만 함께 사는 사람은 다른 사람도 보고 삽니다. 영국 시인 윌리엄 블레이크는 "한 알의 모래에서 세계를 보고, 한 송이 들꽃에서 천국을 보라."(시「순수의 전조」)고 했습니다. 여러분은 우리나라가 처해 있는 저출산 문제를 보아야 합니다. 그리고 행동에 나서야 합니다. "국가가 여러분을 위해 무엇을 해 주기를 바라지 말고 나라를 위해 할 수 있는 일이 무엇인지 물어보십시오." 존 케네디 전 미국 대통령이 취임사에서 한 말입니다. 이는 혼자 사는 사람들의 소임이 무엇인지를 말해 줍니다.

인생은 물음으로 시작해 물음으로 끝납니다. 어떻게 끝날지 모르기 때문입니다. 이 졸저 역시 물음으로 시작해서 물음으로 끝납니다. 인생엔 '정답'이 없습니다. 이젠 여러분이 '적답(適答)'을 찾아야 합니다. 저는 이 책을 쓰면서 제 소임이 '미션임파서블'이 되지 않을까 걱정했습니다. 그러나 그런 걱정을 거뒀습니다. 책이 나왔다는 자체만으로도 소임의 반은 달성됐다고 보기 때문입니다. 여러분이 나머지 반의 답만 채우면 '미션파서블'이 됩니다.

끝으로 재미없는 책을 읽느라 수고한 독자들께 가슴속에서 우러나오는 고마움을 전합니다. 아무쪼록 혼자 사는 사람은 줄고 함께 사는 사람들이 많아지는 세상이 됐으면 좋겠습니다. 인생을 멀리 내다보고 살면서 많이 거두고, 사람을 남기는 삶이 되기를 간절히 소원합니다. 많은 아쉬움을 남기며 아래 물음으로 책을 닫습니다.

이 세상 뜰 때 누가 주검을 거둬 줄까요?

혼자 사느냐 함께 사느냐

유 레이즈 미 업(You Raise Me Up)

내 영혼이 힘들고 지칠 때

괴로움이 밀려와 내 마음을 무겁게 할 때

나는 여기에서 조용히 당신을 기다립니다

당신이 찾아와 내 옆에 앉을 때까지

당신이 나를 일으켜 주기에

나는 산 위에 서 있을 수 있고

(You raise me up, so I can stand on mountains)

당신이 나를 일으켜 주기에

나는 폭풍이 이는 바다를 건널 수 있습니다

내가 당신의 어깨 위에 있을 때

나는 강인해집니다

당신이 나를 일으켜 주기에

나는 더 강한 내가 됩니다

(You raise me up, to more than I can be)

나가며

파리 오르세 미술관 소장, 1895년

폴 세잔, 「사과와 오렌지」

'사과의 화가'로 불리는 세잔은 사과를 대상으로 수없이
많은 정물화를 그렸다. 과일들이 아무렇게나 놓여 있는
것처럼 보이나 입체적인 공간 구성으로 조화를 이룬다.